東京海上日動リスクコンサルティング（株）編

Tokio Marine & Nichido Risk Consulting

中国ビジネスが全く分からない人がわかるようになる本

深津嘉成 著

Yoshinari Fukatsu

文眞堂

はじめに

中国のハイテクサービス普及のスピードはもはや世界一ではないかと言われています。キャッシュレスサービスでは、いわゆる「スマートフォン決済」が世界でも例にないほど短期間で急速に普及、町の屋台や市場などの小さな店舗でもQRコード決済が普通となり、本当に現金を持ち歩かないどころか「しばらく現金を触っていない」という人がほとんどとなっています。中国版Uberである「滴滴出行」などの配車アプリ、レストランの食事をいつでもどこでも配達してくれるフードデリバリーアプリ、シェアバイクやシェアバッテリーなどが利用できるアプリなど、あらゆるサービスがスマートフォン1つで、しかも文字通りスマートにストレスなく利用できます。「携程旅行網（Ctrip）」などの旅行アプリを使用すれば、中国国内旅行であれば、航空機や鉄道の座席予約を含む予約手配、空港からホテルまでの配車手配、ホテルでのチェックイン・チェックアウトまで、あらゆる手配や支払いがスマートフォンで完結します。かつては中国国内移動の最大のストレスだった航空機の大幅な遅れも、アプリが「〇〇様のご搭乗便は現在〇時間〇分遅れて〇時〇分の予定です」と事前に連絡してくれるので、ストレスは大幅に軽減されます。無人コンビニや無人サービスなど様々な新しいサービスも続々登場し、この様子がさながら未来都市であるかのように語られることもあります。実際に中国現地を視察する、「中国ハイテク視察旅行」も日本企業経営者の間で大変人気のようです。

こうしたハイテクサービスの急速な普及は、中国におけるハイテク企業の勃興に支えられていま す。検索ポータルサイトのバイドゥ（百度）、EC大手のアリババ、メッセージアプリ等を提供するテンセントの3社はもはや世界的IT企業となり、米国のGAFA（グーグル、アマゾン、フェイスブック、アップル）と並び称せられるようになりました。これら急成長を遂げた大手企業のみならず、中国ではハイテクを活かしたスタートアップ企業が、日本を含む他国と比較にならないほど多数起業しており、激しい競争を展開しています。新興企業によるイノベーション（技術革新）の進展度合いを評価する1つの指標として注目される「ユニコーン企業」（企業価値が10億ドルを超え、設立10年以内の未上場テクノロジー企業）の数をみると、中国は82社で世界一位の米国（151社）に続いています。日本は残念ながら現状、1社しかありません。（2019年1月末現在、CB-Insights社資料より）ハイテクサービスの普及、そしてイノベーション企業の数などを見る限り、もはや中国は、日本が遠く及ばないほど、「先へ進んでしまっている」のです。

もちろんこれらは、中国の現状の一側面に過ぎないかも知れません。しかしこのような中国の急速な変化をみるにつけ、ビジネスパーソンとして強い焦りのような気持ちを感じずにはいられないのではないでしょうか？「中国」が、改めてやはり無視できない存在として意識されるようになってきた、そう感じられる方も多いのではないでしょうか？

私たち日本人の多くは、中国ビジネスについて非常に強い固定観念を持っています。それは「中国ビジネスは難しい」という認識です。「チャイナリスク」という言葉に代表されるように、中国には他の国にはない特殊性があり、主に政治的な要因によりビジネスを阻害する要素が多数ある、だからこそ一筋縄では行かない、難しい、という認識です。実際に多くの日本企業が中国へ進出し、思うような成果を出せず、あえなく撤退する結果となった事例も多数あります。もし「なぜ中国ビジネスは難しいと思いますか？」と聞けば、多くのビジネスパーソンは多数の実例と理由を挙げて、その難しさを説明できるのではないでしょうか？　しかし私は敢えて、自身のこれまでの中国および日本国内でのコンサルティング業務の経験をもとに、ポジティブな視点からの反論を試みたいと思います。すなわち、「中国ビジネスは確かに難しいかも知れませんが、皆さんが思うほどには難しくありません」。

日本企業を取り巻くビジネス環境はますます厳しくなっています。少子高齢化による人口減少は確実に年々進行しており、これにより国内需要が一貫して縮小するのみならず、労働人口の減少により様々な業種で人手不足が深刻化しています。日本企業の国際競争力も低下傾向にあるとされます。世界中の主要商品・サービスのトップシェア企業を調査した、「主要商品・サービスシェア調査」（日本経済新聞社）の２０１７年版では、成長分野とみられる商品・サービスにおいてはほとんど日本企業がトップにはなっていません。トップになっている企業で、米国企業の他に特に多いのは中国、韓国企業です。近年、日本企業は世界中の様々な市場でシェアを低下させており、特に家電などエレクトロニクス分野の低下が著しくなっています。私たち日本のビジネスパーソンとしては、このような状況を嘆くばかりではなく、状況を何とかして挽回する方策を考える必要があります。私はその１つが「グローバル化の推進」ではないかと考えています。

近年、多くの日本企業が積極的に海外進出を行っています。例えば日本企業による海外の企業買収・工場建設等の投資額を積み上げた「対外直接投資残高」は、１９９８年末の２７０９億ドルから、２０１８年末では1兆６４５８億ドルと20年で6倍以上に達しています。外務省「海外在留邦人数調査統計」によると、海外駐在員・帯同家族等、海外で民間企業に勤務する邦人とその家族の合計数は１９９７年10月時点では約28万人でしたが、２０１７年10月時点では約46万人に達し、こちらも20年で約１・６倍に増加しています。

しかしながら、複数の識者が「日本企業ではグローバル化が十分進んでいない」と指摘しています。ビジネス・ブレークスルー大学学長、大前研一氏は、日本企業は「これまで国内で十分な売上と収益が得られてきた」ためグローバル化が後回しにされてきた、多くの日本企業は未だに「グローバル化に真剣に取り組んでいない」と指摘しています。ここで仮に、企業が1ヶ国だけではなく様々な地域の複数の国々で事業を展開することを「グローバル化」と考えると、「グローバル化」に取り組んでいる企業は、日本企業の中でもまだほんの一部なのです。

１９８０年代に「ＮＩＥＳ」ブームというのがあり、韓国、タイなどアジアの新興国へ投資を行う企業が増えましたが、当時は比較的大手の企業が進出したのみでした。より幅広い業種の、大企業から中小企業まで様々な規模の日本企業が、本格的に進出した国は中国が初めてだった、と言えます。

中国には現在、3万2千の日本企業の拠点があります（外務省「海外在留邦人数調査統計（平成30年要約版（平成29年10月1日現在））」）。これは日本企業の拠点数としては海外の国々で最も多いのです。

そして、2012年の大規模な反日デモなどを境に、日本企業の中国進出は「失敗だった」というイメージが拡がりました。実際にその前後から中国から撤退する企業が増え、撤退に関する現地政府とのトラブルが増えたこともあり、中国に対するネガティブイメージが増幅されました。「日本企業はようやく重い腰を上げ、中国進出という海外ビジネスに積極的に打って出た、しかしそれは失敗だった」という認識が多くの日本人の間で共有されるようになりました。その後、多くの日本企業は「チャイナプラスワン」というスローガンのもと、人件費が高騰してしまった中国への投資の代替として、タイ・インドネシア・ベトナムなどへ投資を振り向けた時期がありました。これらの国々の人件費は当時、まだ中国ほど高騰していなかったからです。しかし「人件費が安いから進出する」というモデルは間もなく同じように限界を迎えました。これらの国が経済成長を遂げることで、同様に人件費が上昇を始め、「中国よりも人件費が安い」という優位性は徐々に縮小していきました。このような中、多くの日本人は、中国および海外ビジネスに対する関心を失っていったのではないか、私はそう考えています。関心がないからこそ、だんだん中国ビジネスがどういうものなのか、という認識も薄れ、「よくわからない」状況に陥っているのではないかと感じています。

これからのビジネスを考える上で、様々な形での海外とのやり取りはますます重要となります。だからこそ、「日本企業の中国進出は失敗だった」という認識を今、見直すべきだと考えています。実は中国でも（もちろんタイ・インドネシア・ベトナムでも）、成功している日本企業はたくさんあるのです。「難しい」のは事実かも知れませんが、それを乗り越える方法はあるのです。また乗り越えている例がたくさんあるのです。詳しくは本書の中で述べていきますが、「失敗だった」という認識を改めることができ、どうすれば難しい中でも成長する方策を探っていくことができるのか、これがわかることで、今後、皆さんのビジネスにおける発想は大きく変わるはずです。

本書が、中国に興味を持たれた皆さんが、中国ビジネスの姿を正しく認識し、新たな一歩を踏み出される一助となれば、筆者として幸甚であります。

目次

第3章　中国ビジネスの難しさを正しく知るために……71

第1章　中国ビジネスがわかるために必要な3つのこと

1　私たちは中国ビジネスの実態を正しく理解していない

(1) 日本人の中国観の現状

最初は、最近の私たち日本人の中国観についてお話ししたいと思います。皆様は中国という国、または中国人と聞いて、何を思い浮かべるでしょうか？

尖閣諸島問題や漁船の領海侵入などの領土・領海問題でしょうか？

ハイテク企業の勃興、ドローンやＡＩ研究などでしょうか？

米中貿易戦争や２０１７年に注目された北朝鮮との密接な関係などでしょうか？

コピー商品や偽物の氾濫など知的財産権問題でしょうか？

アフリカなど、新興国・途上国への中国資本による開発と現地の反発でしょうか？
インバウンド、「爆買い」、不動産購入など、中国人による訪日消費でしょうか？

中国は日本と地理的に非常に近いだけでなく、世界的にも近年存在感を増している大国ですので、日々、テレビ、新聞、ネットニュースなどに様々な関連情報が掲載されています。これらの情報を日々みる限り、全体的にみて、ネガティブな情報が圧倒的に多い印象を受けますがいかがでしょうか？

私自身は、2006年、仕事で中国に赴任し、5年間駐在した後、2011年に日本に帰国し、今に至ります。2011年に帰国した頃から今日まで、「中国に駐在していました」と言ったときの相手の反応が、確実に変化してきたのをひしひしと感じています。

2011年当時、帰国直後は「5年もいたんですか、すごいですね」という反応が多くありました。その後、しばらくした頃から「5年もいたんですか、大変でしたね」「え、中国に5年、大変だったでしょう」「いやー、大変だったんじゃないですか？」という同情的な声が間違いなく増えたのです。日本人の中国観というものが、着実に変化していっていることが、こういうところに表れていると思います。

日中共同世論調査からみる中国観

私たち日本人は、中国や中国人をどのようにみているのでしょうか？　ＮＰＯ法人「言論ＮＰＯ」が中国国際出版集団と毎年実施している「日中共同世論調査」でみてみましょう。

２０１８年版の調査結果をみると、日本人で中国に対し「良い印象を持っている／どちらかといえば良い印象を持っている」（以下「良い印象」）という回答はわずか13・１％、それに対して「良くない印象を持っている／どちらかといえば良くない印象を持っている」（以下「良くない印象」）という回答は86・３％に上りました。実に９割近い人が「良くない印象を持っている」という結果です。過去の調査からの推移をみると、「良い印象」は２００７年の33・１％をピークにほぼ一貫して減少を続けていますが、２０１５年以降はわずかですが増加傾向がみられます。一方、「良くない印象」は２００７年に急増して以降ほぼ一貫して増加していますが、同様に２０１５年以降はわずかに減少傾向がみられます。

中国人の日本に対する「良い印象」は、日本人の回答とほぼ同じ推移をみせていましたが、２０１４年頃から急速に増加し、最低の５・２％（２０１３年）から現在では42・２％にまで上昇しています。これとともに「良くない印象」も２０１４年以降急速に減少しており、ピークの92・８％（２０１３年）から56・１％まで減少しました。

図表1-1　相手国に対する印象

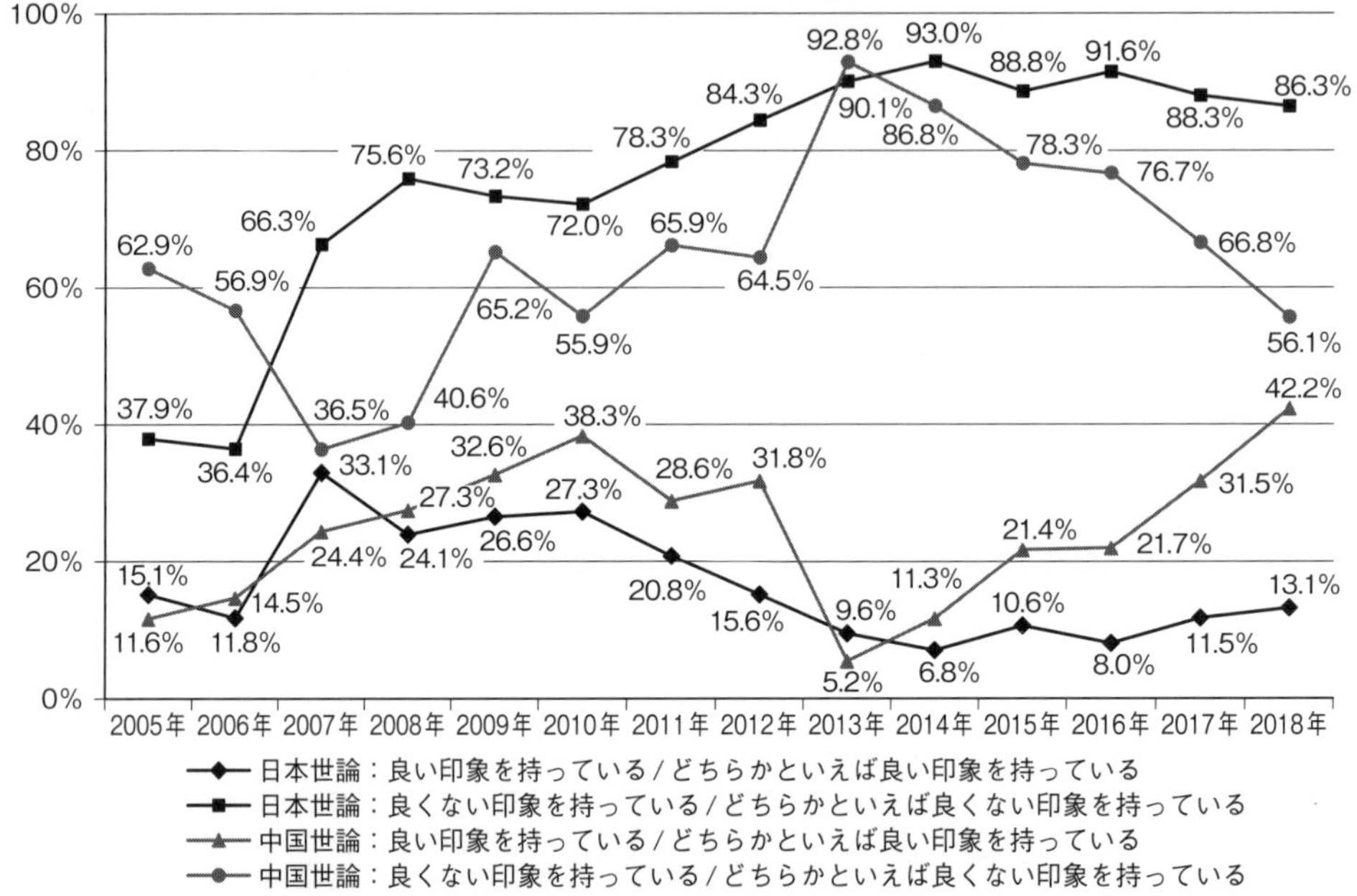

注：縦軸は，同調査の有効回収標本数に占める当該回答の割合です．（図表1-2も同じ）
（2018年版の有効回収標本数　日本：1,000，中国：1,548）
出典：言論NPO「第14回日中共同世論調査（2018年10月）」

中国人によるインバウンドの増加

２０１４年ごろから中国人の日本に対する「良い印象」が大幅に増えた大きな要因として指摘されるのは、中国人によるインバウンド（訪日旅行）の増加です。２０１４年前後から中国人の訪日観光客による旺盛な買い物ぶりが日本のメディアなどで「爆買い」と呼ばれ、注目されました。同世論調査でも「相手国への渡航経験がある人」が中国側で２０１４年から急増し、２０１７年以降は既に日本の数値を上回っている状況が見受けられます。中国へ行ったことがある日本人の割合よりも、日本へ行ったことがある中国人の割合の方が高い、という状況です。

中国人による訪日旅行はビザの発給基準緩和などにより、２０１４年ごろから急激に増加しており、２０１７年の年間累計では７３５万人（ＪＴＢ総合研究所「観光統計」より（暫定値））に達しました。一方、日本人による訪中旅行は２０１１年以降減少傾向にあり、直近の２０１６年は２５８万人でした。

中国人の訪日旅行は、中国人の間で概ね好評であり、リピーターが増加するなど、順調に訪問数が増加してきています。特に日本を訪れた中国人は、日本のサービス業のホスピタリティや日本人全般のマナーの良さに驚く例が多いようで、中国人の日本に対する「良い印象」の理由をみると「日本は経済発展を遂げ、国民の生活水準も高いから」（51・６％）、「日本人は礼儀があり、マナーを重んじ、民度が高いから」（49・２％）といった意見が多く挙がっており、訪日旅行の増加が背景にあるとみられます。

図表1-2　相手国への渡航経験がある人

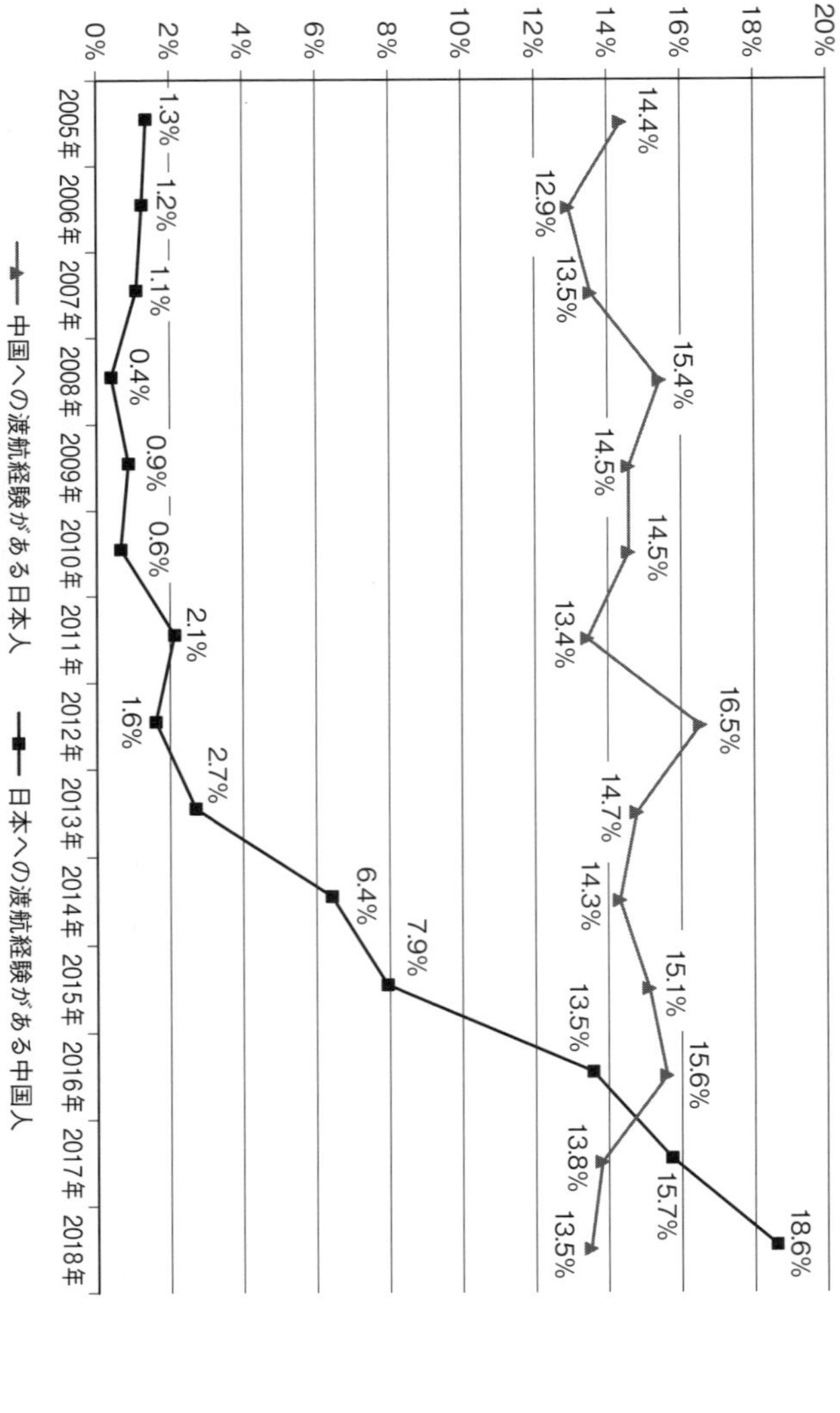

出典：言論NPO「第14回日中共同世論調査（2018年10月）」

図表1-3　日中両国間の渡航者数

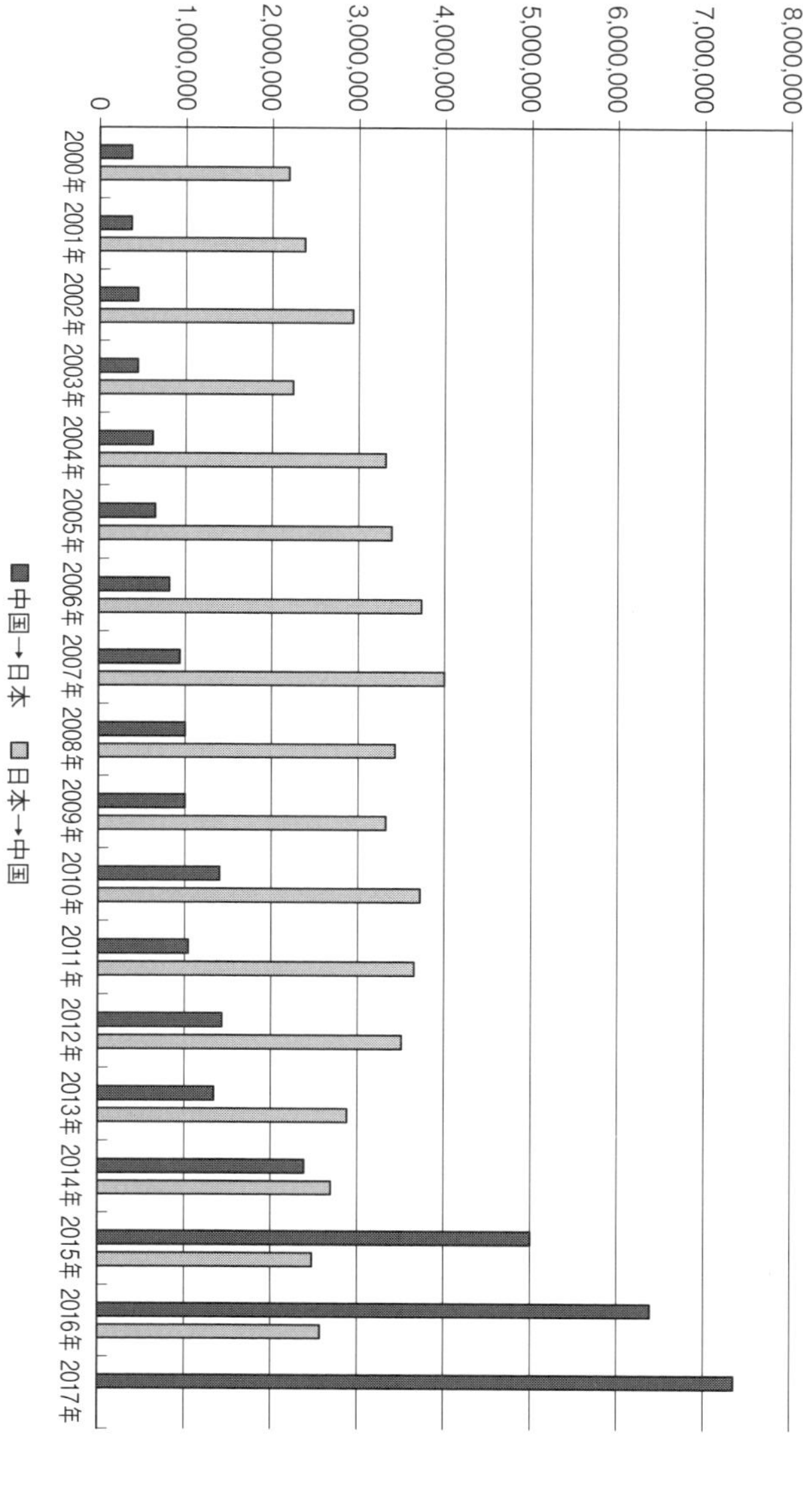

出典：「中国→日本」：日本政府観光局（JNTO）発表統計
「日本→中国」：中国国家観光局資料　国籍基準・入国者数

一方、訪日中国人が増加したことは、日本人の中国観にも一定の影響を与えています。訪日外国人のうち、中国人は25・6%、実に4分の1を占めます。筆者は埼玉に住んでいますが、通勤などでJRや地下鉄に乗ると、路線にもよりますが毎日大変多くの訪日中国人に会います。私はある程度中国語がわかるので、話しているのを聞けばすぐそれとわかりますし、混んでいる車内で操作しているスマホの画面がチラリと見えたときなどに中国語が目に入ることもよくあります。

そして残念なことですが、一部の訪日中国人観光客は日本各地で様々な問題を引き起こしているようです。2016年に大阪商工会議所が行ったアンケートでは、大阪市内の小売店・飲食店などのうち、46・4%が「中国人観光客の行動、マナーで困ったことがある」と回答し、「商品の扱いが乱雑」、「大声の会話」などを例に挙げました。同じく2016年には週刊誌が、中国人観光客の無断キャンセルでホテル、航空機、団体バス業界が悲鳴を上げている、という特集を組みました。京都、沖縄などの有名観光地では、中国人観光客向けに在日中国人が、スマートフォンの配車アプリを利用した「白タク」サービスを提供しているとして摘発されました。2018年1月には航空機の遅延トラブルに巻き込まれた中国人観光客が、成田空港で抗議のため中国国歌を合唱した騒ぎが報道され、注目されました。こうした報道などを目にするたびに、「中国人はマナーが悪い」といったネガティブイメージが、私たち日本人の間で広まっています。

日中の経済関係「わからない」が3割以上

先にみたように、現状は、訪日中国人数が急速に増加する一方で、訪中日本人数は減少傾向にあります。このことは、私たち日本人が、中国本土の中国人に生で接する機会が減少し、訪日中国人と接する機会ばかりが増加している状況と言えます。訪日中国人という、13・8億人の人口を考えれば「ほんの一部」の限られた印象が、私たち日本人の中国人に対する印象を決定してしまっているという状況なのです。

訪日中国人以外に中国を知る情報となると、時折、テレビや新聞で紹介される中国ニュースになりますが、先の世論調査でみたような日本の国民感情に対する配慮からか、国内メディアは中国のネガティブなニュースばかりを報道する傾向があります。2018年11月には、中国の著名五つ星ホテルの清掃員が、トイレもコップも同じタオルで拭くなど不衛生な清掃を行っている実態を暴く動画がSNS上に掲載されたニュースが紹介されました。この事件は、中国の著名ブロガーが、自身が中国国内で宿泊した14の世界的高級ホテルで清掃の状況を撮影した動画を中国版ツイッターに投稿したものでしたが、世間の反響が大きく、各ホテルチェーンが謝罪に追い込まれ、中国の衛生当局も立ち入り検査などの対応に追われました。このニュースは日本のテレビ・新聞などで繰り返し報道されました。

訪日中国人と、一定のフィルターがかかった中国ニュースに触れている私たち日本人の中国観は、偏ったものになりがちであるという点、賢明な読者の皆様であればご理解いただけるところだと思い

図表1-4　日中の経済関係

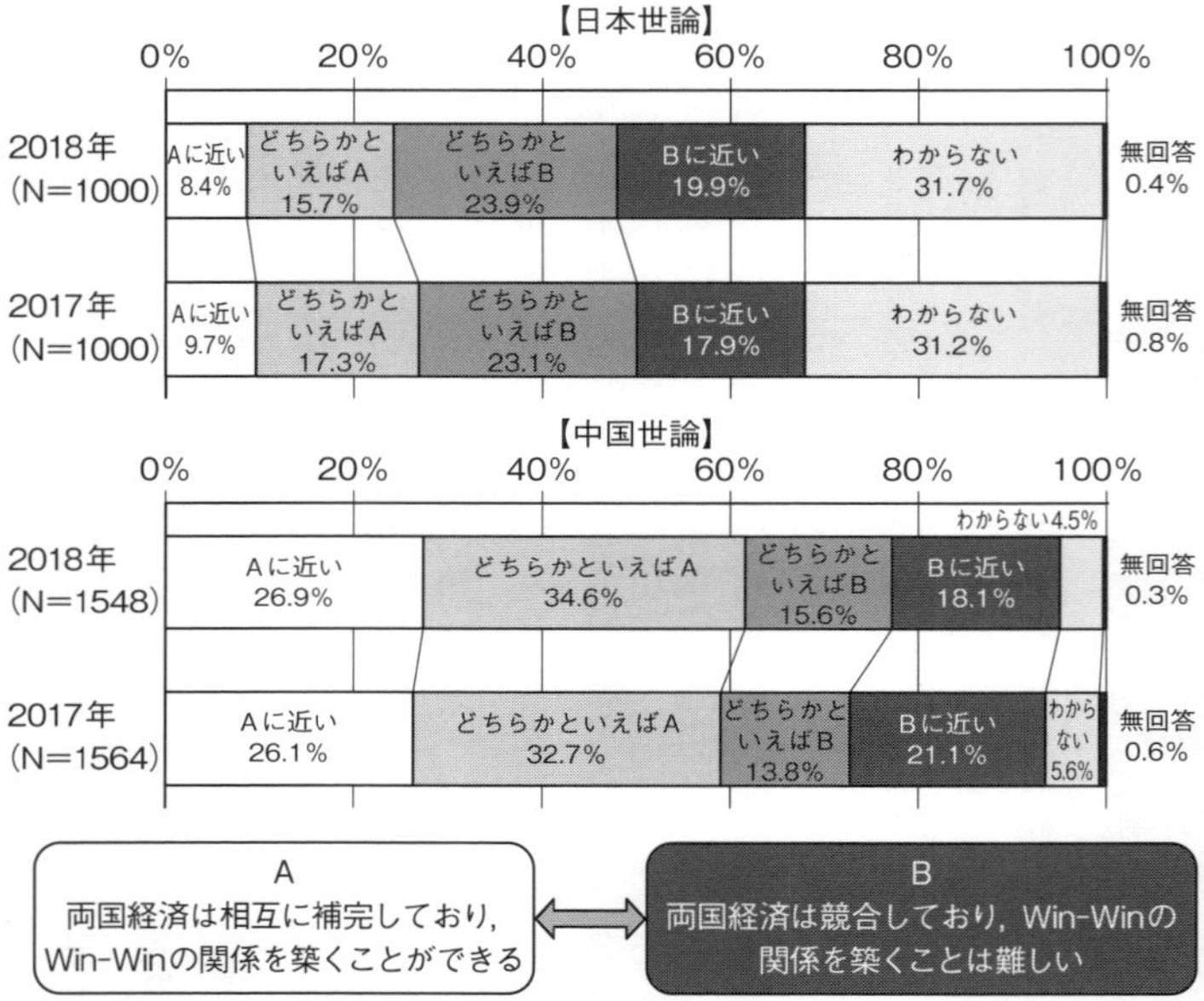

出典：言論NPO「第14回日中共同世論調査（2018年10月）」

ます。

「日中共同世論調査」では、「日中の経済関係」に関する質問があります。「A：両国経済は相互に補完しており、Win-Winの関係を築くことができる」「B：両国経済は競合しており、Win-Winの関係を築くことは難しい」という2つの意見を提示し、どちらに近いか、を聞く質問なのですが、興味深いのは「わからない」という回答が中国では4・5%なのに対し、日本では31・7%もあることです。日本人は、中国とどう接していくべきか、中国とどのような関係であるべきかがわからなくなってきている、ということを示している結果だと考えます。

(2) 中国ビジネスは多くの人にとり「わかりにくくなった」

中国ビジネスに対する見方の変遷

私たち日本人の中国観の現状についてみてみましたが、中国ビジネスに対する見方はこれまでどう変わってきたのでしょうか？

日本から中国への対外直接投資（工場・拠点新設等の投資）金額の推移をみると、過去に何回かのピークがみられます。1972年の日中国交正常化、そして1978年の改革開放政策の開始以降、日中間で、当初は貿易、やがて工場新設等の直接投資が増え始めました。1978年10月、来日した当時の中国副首相、鄧小平氏が、松下電器産業（現・パナソニック）の創業者・松下幸之助氏（相談役（当時））と会談し、中国の近代化への協力を要請したところ松下幸之助氏は快諾、その9年後に日本の製造業企業として初めて中国に工場を開設したのは有名な話です。

90年代にかけて、中国の巨大市場に魅力を感じる日本企業が中国進出に取り組み、当時進んでいた円高の影響もあり、対中国投資額は徐々に増加しますが、1995年をピークに減り始めます。減少の直接の原因は、中国政府による外資優遇策の見直しだったのですが、当時の報道をみると、中国投資における制度上の難点が多数指摘されています。「外資への規制が厳しく、政策が二転、三転する体制である」「外資の出資割合や進出拠点などの制限が多い」「知的財産権の保護が十分でない」「進出に必要な港湾や道路の整備が企業側の負担となり、初期投資が膨大になる」「中国当局は、技術移

図表1-5　日本の対中国直接投資（国際収支ベース，ネット，フロー）

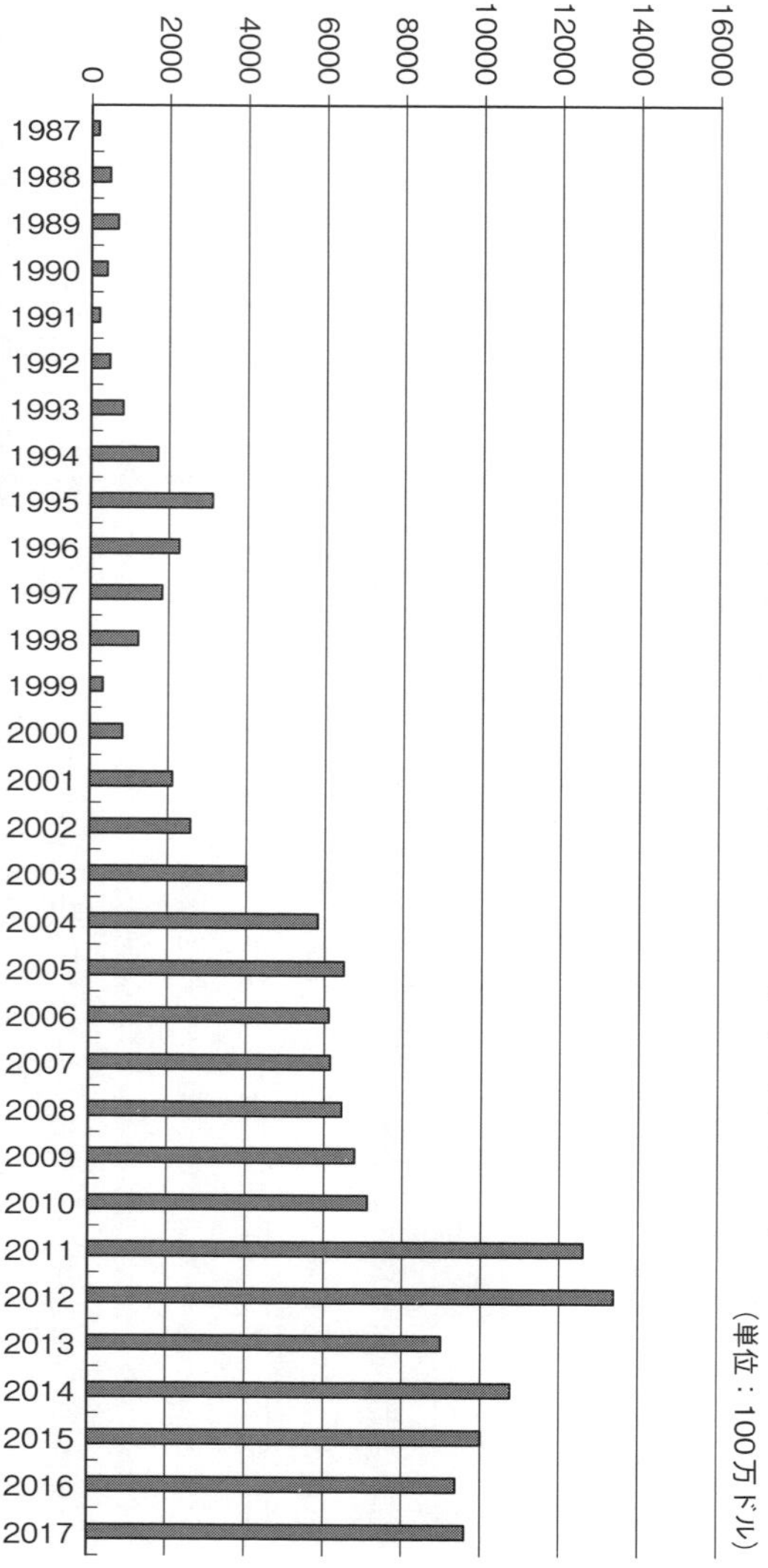

出典：独立行政法人日本貿易振興機構（ジェトロ）

転を目的に外資の進出を認めている面があり、自動車は現地企業との合弁しか認められない上に、部品工場すら単独で作れない」「中国当局の投資政策が〝猫の目〟のように変わる」（東京読売新聞「日中国交正常化25周年　緊密さ増す巨大市場　政策急転の懸念常に」（1997年9月30日）より）。当時は日本企業に限らず、欧米企業も、中国の市場開放や制度の改善が十分進んでいないことを指摘・批判し、中国政府に対し、早急な対応を求めていました。

その後2001年、中国は世界貿易機関（WTO）への加盟を果たし、各分野での市場開放・制度の整備が進展しました。これを契機に日本および欧米諸国は中国への直接投資を再度積極化します。日本では特に自動車、電機・電子、化学などの大手製造業で製造拠点の「中国シフト」が進展し、中国の大手国有企業との提携・合弁など、大規模な投資が次々と実行されました。またWTO加盟から間もないころから、中堅・中小企業の中国進出も増加をはじめ、「中国進出ブーム」と言われるようになりました。日本企業はそれまで、東南アジアに生産拠点を置くケースがみられましたが、当時の中国は「東南アジアよりも人件費が安い」ということもあり、幅広い業種の製造業企業が相次いで進出、製造拠点が集積することにより、中国は「世界の工場」と呼ばれるようになりました。

2005年まで中国への直接投資は急激な増加を続けますが、歴史教科書問題、靖国神社参拝問題などを契機に同年に発生した大規模な反日デモを受け、一旦伸びが止まります。しかし再度増え始め、2011年、2012年には急激な増加をみせました。この一時的に急激な増加は、中国経済の安定的成長傾向や円高の持続に加え、欧州債務危機等による欧米経済に対する不安など国際情勢の影響もあったようです。

大きなターニングポイントとなった2012年

そして、２０１２年9月、日本政府の尖閣諸島国有化を受けて発生した大規模な反日デモは、瞬く間に中国全国１１０都市に広がり、日本企業の中国ビジネスに大きな影響をもたらしました。山東省青島市の日系企業が運営するショッピングセンター、湖南省の日系スーパーなどが、放火・破壊・商品略奪などの被害に遭ったほか、日系企業の工場が暴徒の襲撃に遭いました。またしばらくの間は日本製品の不買運動などが行われ、日本企業の中国ビジネスに多大な悪影響をもたらしました。

２０１２年の反日デモは大きなターニングポイントとなりました。日本企業はそれまでも中国ビジネスのリスクを早くから認識していました。中国特有のリスク、という意味で「チャイナリスク」という言葉も、報道などで頻繁に使われました。しかし、これほどまで急激に「反日」の世論が盛り上がり、日本企業排斥の機運が中国全国に拡大するとは、当時の日本企業関係者の誰も予想していませんでした。日本人とわかればどんな扱いを受けるかわからない、として、公共の場で日本語を話さないよう、外務省から再三注意喚起がなされ、常に周囲の目を警戒する、そういう生活を在中国日本人駐在員全員がしなくてはならなくなりました。このような状況になるとは、当時の多くの日本人関係者は、誰も予想していませんでした。同じころ、中国で「ＰＭ２・５」などによる大気汚染が深刻化したこともあり、「中国から帰任させてほしい」という駐在員や帯同家族が増え、「中国だけは赴任したくない」という、中国赴任の拒否事例が企業内で急増したのもこの時期でした。当時、日本人による中国観光旅行が激減し、中国を専門にしていた日本の旅行手配業者（ランドオペレーター）は大変厳しい状況になったと聞いたことがあります。

２０１２年以降は、日本企業において中国投資、中国の拠点運営が抜本的に見直されるようになりました。翌年の２０１３年には対中国直接投資額も大幅に減少し、２０１４年には若干持ち直しましたが、以降はしばらく減少しました。特に製造業で、廉価な人件費を前提として進出していた企業は、中国の人件費上昇により収益が確保できなくなり、撤退や合弁解消、清算等を検討・実施する事例が急速に増えました。２００１年の中国ＷＴＯ加盟以降、中国の市場開放が今後大幅に進むという期待に基づき中国へ進出した多くの日本企業は、２０１２年前後にビジネス情勢の大幅な変化を認識し、中国投資の「経済合理性」を見直すようになりました。

「チャイナプラスワン」とその収束

２０００年代のはじめごろ、日本企業の中国進出が急増する過程で、「チャイナプラスワン」という言葉が登場しました。元々は、東南アジア、特にベトナムなどの新興国への投資促進の目的で、日本貿易振興機構（ジェトロ）などが提唱し始めたキーワードのようです。中堅・中小を含む多くの日本企業が中国への進出を急速に進める中で、「中国だけではなく、中国に加えてもう１ヶ国、別の国へ進出することが、企業経営におけるリスク分散になり、効果的である」…そういう文脈で言われ始めた言葉でした。

２０００年代も半ばになってくると、中国ビジネスにおけるリスク、いわゆる「チャイナリスク」がよりクローズアップされるようになり、中国ビジネスに対する否定的な見方が広がり始めました。２０１２年前後には「中国でのビジネスはもう厳しい、東南アジアに活路を求めるべき」という論調が増えるようになり、「チャイナプラスワン」が頻繁に報道に登場するようになりました。この頃になると「チャイナプラスワン」の意味合いも、当初の「中国に加えてもう1ヶ国」から、「中国よりも別の国へ進出する」というようにとらえられるようになりました。この流れでタイやインドネシアへの企業の新規進出ブームが起き、インドネシアなどでは「工場建設用地が確保できない」という状況などもみられました。

しかしこの流れもやがて収束に向かいます。そもそも中国でのビジネスが「厳しい」と言われ始めた最大の要因は、人件費の上昇でした。中国政府の方針により、労働者最低賃金の大幅引き上げなどが行われ、想定以上に急激に中国の人件費水準が上がったため、製造業など労働集約型産業の経営を直撃していたのです。結果として相対的に人件費が低い東南アジアの国々へ進出する企業が増えました。しかし、タイ、インドネシアなどの国々においても、やがて中国と同様に人件費が上昇したのです。これにより、これらの国々への進出メリットも徐々に縮小してしまいました。

かつてあった「中国へ進出しないと時代に取り残される」という認識

これまで、1980年代から現在までの日本企業による中国ビジネスの経過を駆け足でみてきました。2000年代前半の「中国進出ブーム」では、これまでにないほど様々な業種の様々な規模の企業が中国へ進出しました。「ブーム」とは、一時的な流行であり、熱狂です。2000年代前半当時、多くの企業が中国へ進出した際には、「中国へ進出しないと時代に取り残される」「生き残れない」という認識が、多くの企業経営者にありました。もちろん中国進出に様々なリスクがあることは、多くの経営者が認識していました。しかし、多くの経営者に投資の決断を促したのは、「進出しないことこそが、より大きなリスクになる」という認識でした。多くの経営者が中国に対し強い関心を持ち、進出を検討するようになった結果、多くの企業で中国は重要な経営課題とみられるようになり、一般のビジネスパーソンの間でも「中国を知らなければビジネスはできない」という認識さえ醸成されていました。

例えば、日経BP社が発行するビジネス週刊誌『日経ビジネス』は、2003年1月、「中国の磁力」と題する特集記事を掲載しました。冒頭の文章はこうなっています。

> 中国の磁力が、アジアを大きく変えようとしている。
> 13億人の潜在需要という抗しがたい誘惑。
> 世界各国の企業がその市場発掘にしのぎを削る。

どんなに競争が厳しくても、引き返すことはできない。
中国で生き残れなければ、世界で敗れることを意味するからだ。

（日経ビジネス2003年1月20日号26ページ）

中国ビジネスはリスクや困難が多くありそうだ、しかし、この時期に中国市場を開拓しなければ、ビジネスの世界で生き残れない、そういう認識が一般化していました。このため当時既に、多くの企業が中国進出に取り組んでいました。特に主要な業種の大手企業はほとんど中国に何らかの形で進出しており、何百億円、何千億円という投資決定のニュースが多数見られました。また先に書いた通り、中堅・中小企業も果敢に中国進出に取り組んでおり、それらの企業の中国進出を支援するコンサルティング会社も活況を呈していました。中国ビジネスや中国の法務・税務などの実務を解説する本・雑誌なども多数発行されており、そのため、中国ビジネスに関する詳細な情報も比較的入手しやすい状況となっていました。

中国へ赴任するビジネスパーソンが増えたことで、中国ビジネスが一般市民にとっても身近に感じられるようになっていました。知人や家族の中国赴任が決まった、といった話が一般的に聞かれるようになってきたのです。テレビなどでも中国が取り上げられる機会が非常に増えました。中国でのビジネスをテーマとしたテレビドラマなども制作されました。

私事となりますが、私は2001年から、企業向けリスクコンサルティングの業務に従事してきました。2000年代半ば頃になると、非常に多くの企業から中国ビジネスのリスクに関する情報提供を求められるようになりました。「中国にこれから大規模工場を建設するので、このプロジェクトを取り巻くリスクをできる限り漏れなく洗い出してほしい」「中国ビジネスにおいて特に困難なリスクは何か、解説してほしい」「中国現地でどんな事件・事故・トラブルが起きているのか教えてほしい」といった要望を次から次へと頂く日々でした。中国へ多くの企業が進出し、大規模な投資を実施する過程で、多くの企業が中国ビジネスにおけるリスク要因を認識し、それらへの対処を経営上の喫緊の課題ととらえていたのです。これらの要望に応えて、当社を含む様々なコンサルティング会社や法律事務所、税務・会計事務所が、中国進出におけるリスク対応に関するセミナー・情報提供を頻繁に行っており、かなり盛況でした。つまり、多くの企業関係者が中国ビジネスおよびそのリスクに高い関心を持っていた時期でした。例えば2005年には、大手総合商社・三菱商事が「全新入社員に中国語研修を受けさせる」と発表したことが話題となりました。中国ビジネスの重要性が増し、英語に次いで中国語が必須スキルと位置付けられていたことがうかがえます。

そして中国ビジネスは「わかりにくくなった」

しかし、2012年頃を境に、この流れが大きく変化しました。一部の企業は真剣に中国からの撤退や事業整理を検討するようになり、コンサルティング会社・法律事務所などが「中国撤退セミナー」を頻繁に開催するようになりました。新規進出・新規投資は依然としてなくなりませんでした

図表1-6　今後１～２年で事業を「拡大」とする比率の推移（%）

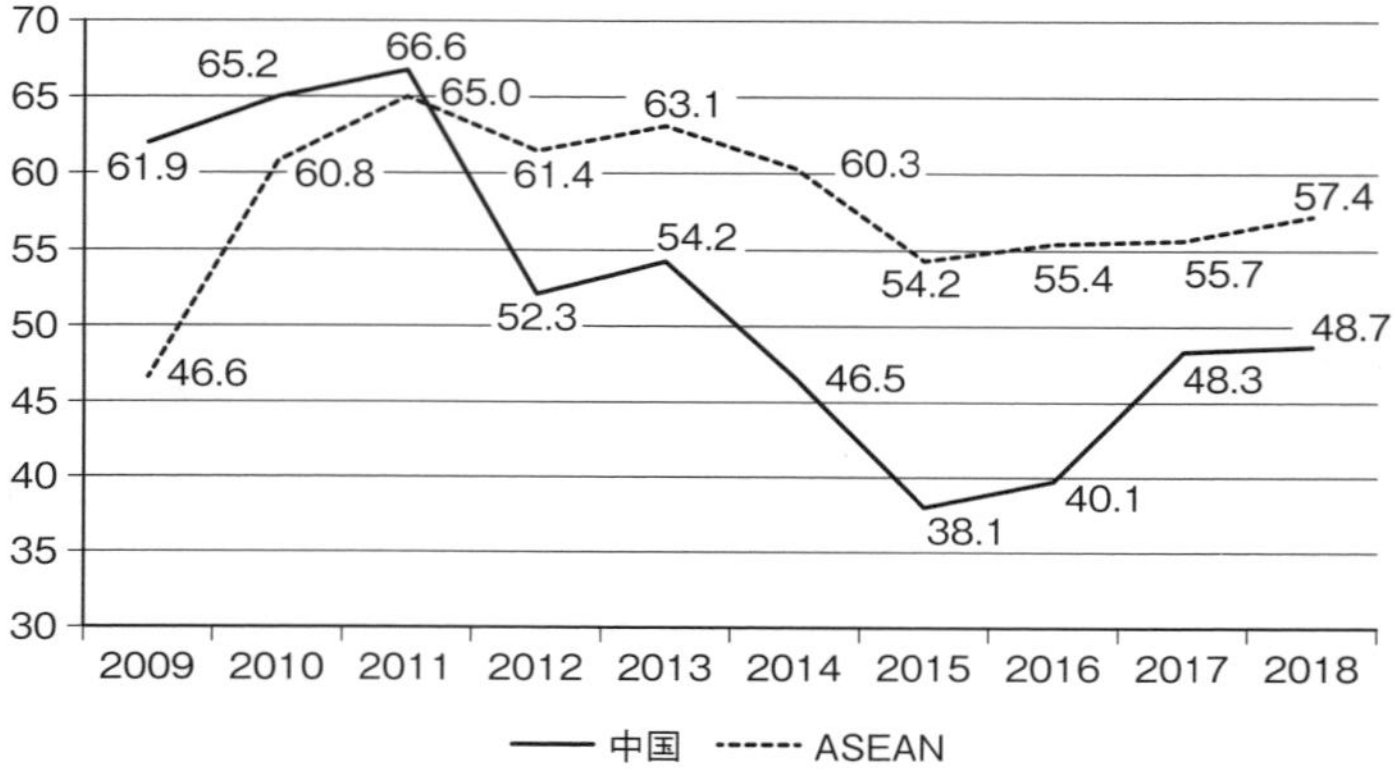

注：ASEANはブルネイ除く9ヶ国（インドネシア，カンボジア，シンガポール，タイ，フィリピン，ベトナム，マレーシア，ミャンマー，ラオス）の加重平均値
出典：ジェトロ「2018年度アジア・オセアニア進出日系企業実態調査」

が、以前ほどは増えなくなりました。大規模反日デモの影響、人件費の上昇などから、中国ビジネスが大幅に見直されるようになったのでした。もちろんこの状況下で全ての企業が中国事業の縮小を考え始めたわけではなく、引き続き中国事業の強化に取り組んだ企業も多かったのですが、ビジネスパーソン一般の認識として、中国は「最有望の進出先」から大幅に格下げされ、「多数ある進出先の１つ」となりました。これにより以前のように、私たちコンサルティング会社が中国ビジネスのリスクに関する情報を企業経営者から求められることも少なくなりました。

図表1-6は、ジェトロが毎年実施している「アジア・オセアニア進出日系企業実態調査」において、「今後１～２年で事業を「拡大」とする回答企業の比率」の推移を、中国、ＡＳＥＡＮ（ブルネイを除く９ヶ国の加重平均値）で比較し

たものです。2011年までは中国がASEANを上回っていましたが、2012年から逆転し、以降は2015年頃まで、中国事業を「拡大」とする比率が急速に低下したことが読み取れます。

こうして、中国および中国ビジネスに関するビジネスパーソンの関心は大幅に低下しました。結果として、関心の低さゆえに、中国ビジネスは「よくわからない」とみられるようになったのです。

(3)「わかるようになる」とはどういうことか？

中国在留邦人数の減少

近年、私たち日本人は、中国にネガティブイメージを強く持つようになり、ビジネスシーンでの中国に対する関心も低下しました。このことが、自然と目にする中国に関する情報を制限し、偏ったものにしているのが現状です。さらに、先に述べた日本からの渡航者だけでなく、現地に在留する日本人数も減少しており、このことが生《ナマ》の中国情報に触れる機会を少なくしている面があります。

ここで中国国内に在留する日本人数の推移をみてみます。中国には12・4万人（2017年10月現在）の日本人が在留しており、これは国別でみると、米国に次いで2番目の規模です。

過去の推移をみると、1996年には2万人に満たなかった中国における在留邦人数は2000年以降急激に増加し、2012年には15万人を超えるまでになりました。しかしその後、減少に転じ、2017年には2006年頃の水準を下回るようになりました。中国の中でも特に在留邦人数が多い

図表1-7　中国における在留邦人数推移

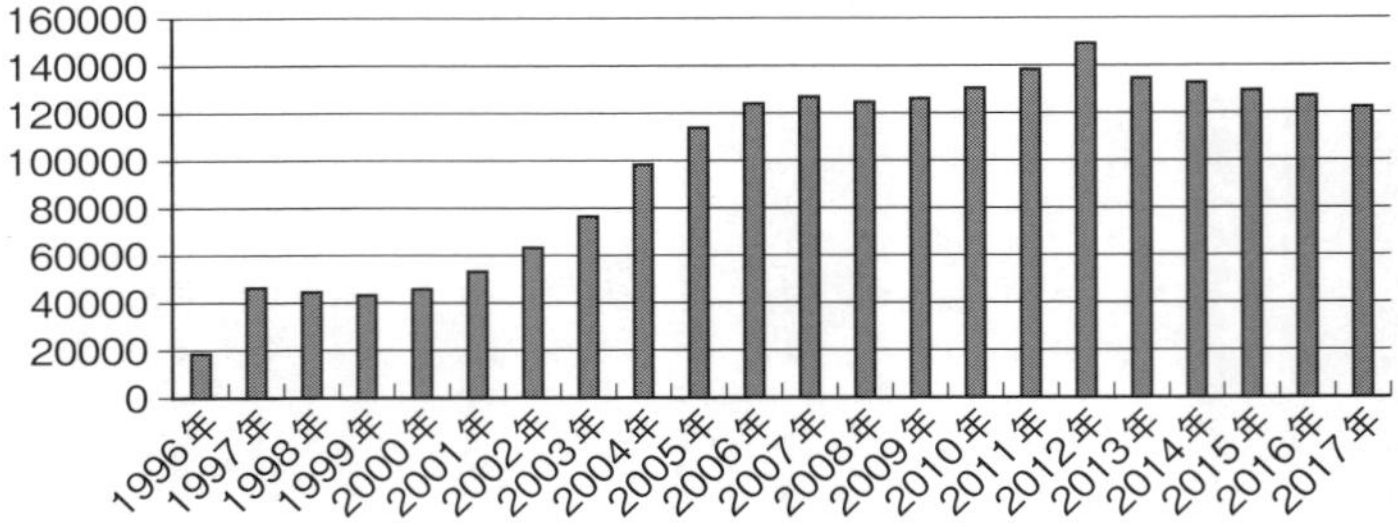

出典：外務省「海外在留邦人数調査統計」(平成９年版〜平成30年要約版)

のが上海市およびその周辺で、２０１２年には実に５・７万人の日本人が在留していました。

私自身が上海に赴任した２００６年は、上海市内に日本人が増え続けた結果、企業駐在員などの子弟が通う日本人小学校の生徒数が急増して収容しきれなくなり、２校目が開校した年でした。２校目の開校に伴い、その年に赴任した日本人子弟は１校目への入学が制限され、２校目ができた、上海市中心部から東側の「浦東新区」に日本人の入居が急増した、ということがありました。当時は開発されて間もなかった「浦東新区」に日本人の増加を見越した様々な店舗が増加し、活況を呈していました。

上海日本人学校は海外の日本人学校として当時世界一の規模を誇り、２０１１年には海外の日本人学校として初の「高等部」が設立されました。しかし増え続けた生徒数は２０１３年の３１７５人をピークに減少に転じ、２０１６年には２３９１人まで減りました。在留邦人数の減少により、日本人学校のみならず、日本人を対象とした店舗・サービスなども現在では縮小・減少しています。

図表1-8　在中国「日系企業総数」推移

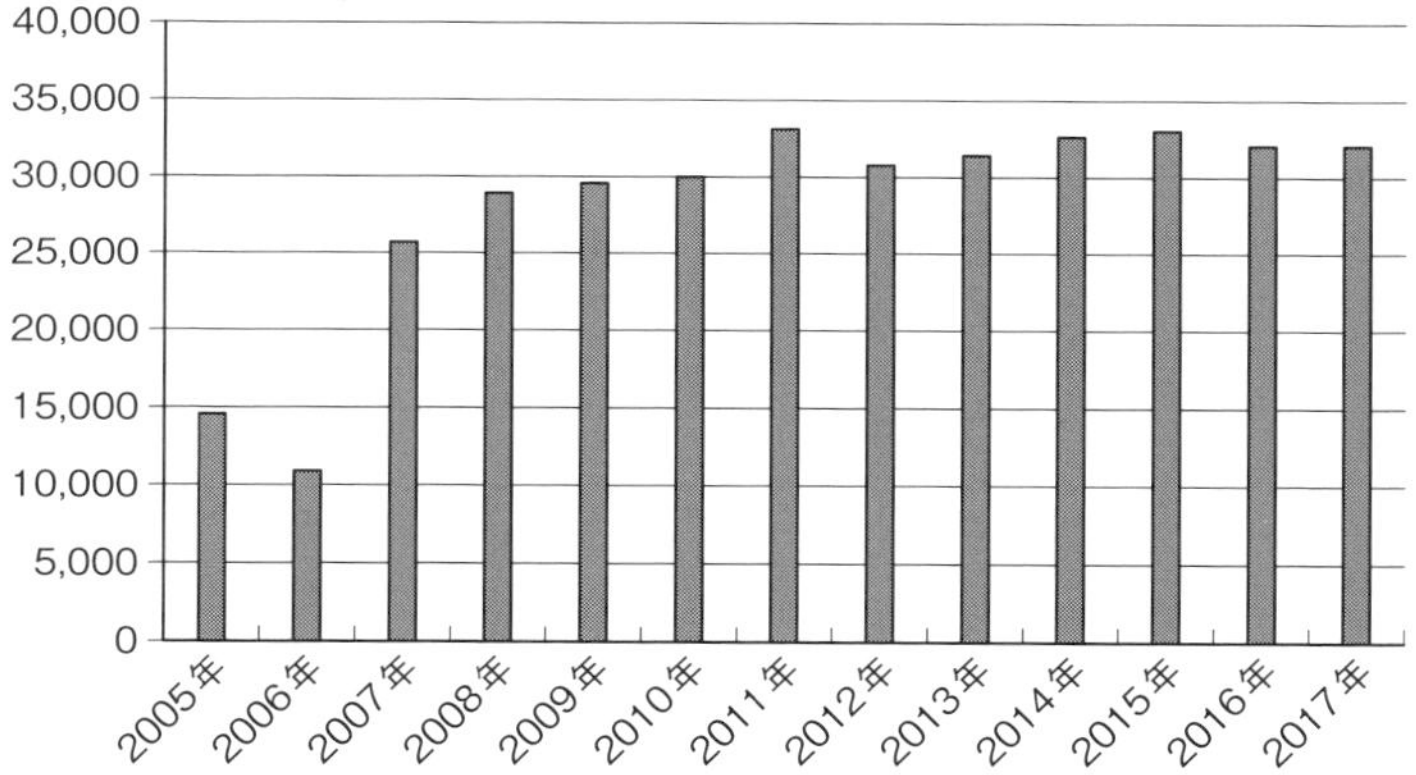

出典：外務省「海外在留邦人数調査統計」(平成18年速報版～平成30年要約版)

中国ビジネスに対する現在のイメージ

過去の中国進出ブーム、そして現在の在留邦人数減少の状況などを知る人は、「中国進出は日本企業にとって失敗だった」というイメージを持つケースが多いようです。確かにこれほど多くの日本企業が海外に進出した例は、過去にはなかったのです。「日本企業はようやく重い腰を上げ、中国進出という海外ビジネスに積極的に打って出た。しかしそれは失敗だった」、こういう認識を持つ方々に時々お会いします。先に述べたような、上海などの在留邦人数の減少の状況などをきくと、このようなネガティブなイメージを持たれるケースはわからないでもありません。

しかし、本当にそうなのでしょうか？　もう少し冷静に見直してみる余地はないのでしょうか？

中国における在留邦人数は減少傾向にあるのですが、実は中国の日系企業拠点数、「日系企業総数」は、直近でもほぼ横ばいの状態です。

図表1-9　中期的（今後３年程度）に有望と考える事業展開先国

（単位：%）

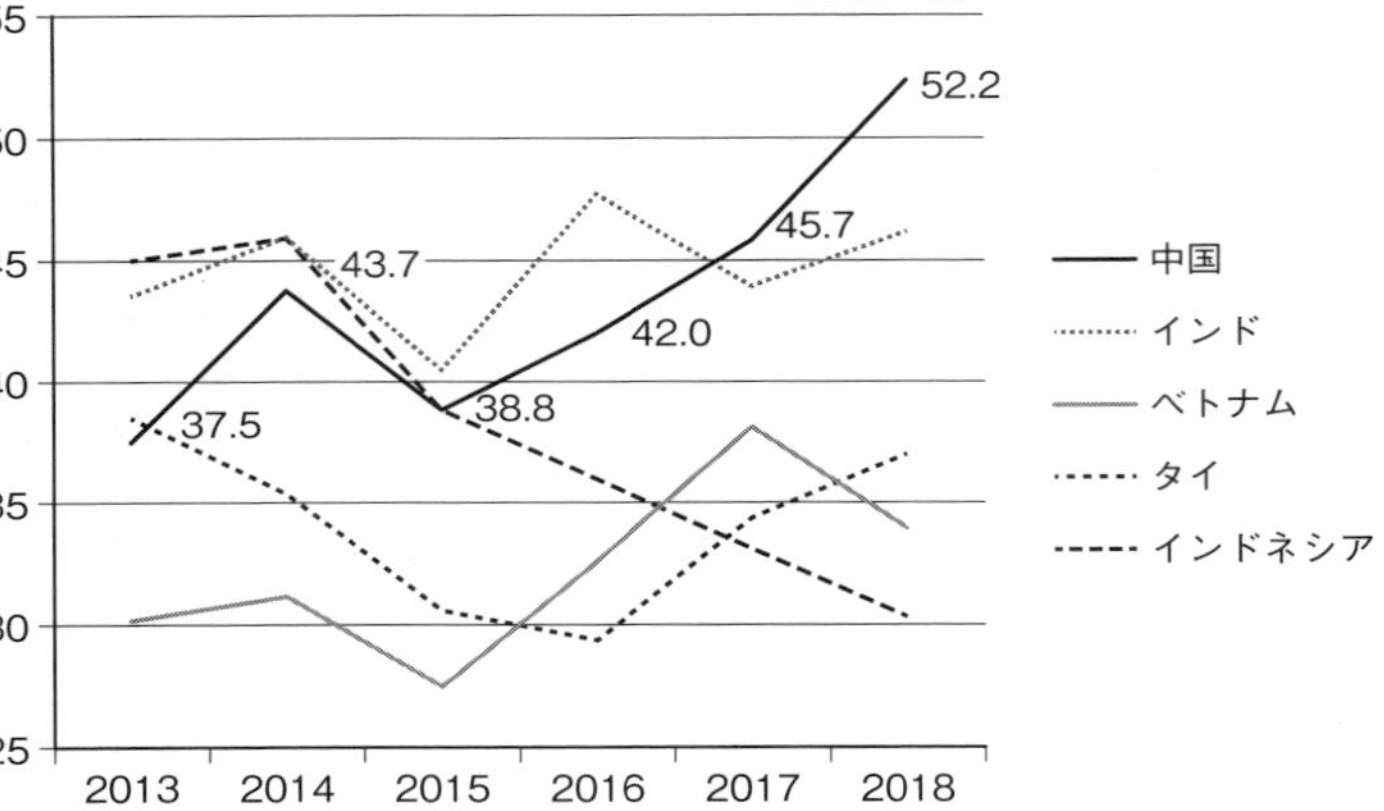

出典：国際協力銀行「わが国製造業企業の海外事業展開に関する調査報告―2018年度海外直接投資アンケート結果（第30回）―」（2018年11月）

つまり、多くの日系企業が撤退しているとされる一方で、依然として中国事業を活発に継続している日系企業も多数あるのです。

また先ほど、ジェトロのアンケートでは、今後１～２年で事業を「拡大」とする比率が、中国よりもＡＳＥＡＮ諸国の方が高い、という結果を紹介しました。しかし例えば、国際協力銀行（ＪＢＩＣ）が製造業企業を対象に毎年実施している「海外直接投資アンケート」では、「中期的な有望国・地域」として、中国が２０１７年、５年ぶりに第１位となり、２０１８年も１位に留まっています。「中期的（今後３年程度）に有望と考える事業展開先国名」を各企業５つまで回答する設問に対して、「中国」との回答割合は前年から６・５ポイント増加し、回答者数全体の52・２％に達しています。

こうしてみると、中国ビジネスは実際にはどのような状況にあるのか、どのように理解すればよいのか、もう少し慎重に判断すべきであることを、ご理解いただけると思います。

「わかるようになる」とは正しく理解すること

本書では、具体的な事例などを示して、中国ビジネスの実態をできるだけ偏りなく、正確かつ的確に理解していただきたいと考えています。結論から言えば、私は「日本企業の中国進出は失敗ではなかった」と考えています。そして中国ビジネスはこれからも、日本人や日本企業にとり、十分挑戦する価値がある領域だと考えています。しかし現状では、これまで述べたような情報の偏りや誤ったイメージの流布によって、中国ビジネスは実態よりも過度にネガティブにとらえられていると思っています。

もちろん過度に甘く見るべきではありませんが、適切に評価する目を持つのはどんなビジネスにおいても非常に重要だと考えます。是非皆さんには、中国ビジネスのネガティブすぎるイメージを是正し、正しい姿を知ってもらいたいと考えます。中国ビジネスの実態を正しく理解すること、それこそが本当の意味で、「中国ビジネスがわかるようになる」ことであると考えています。

中国ビジネスがわかるために必要なことは、大きく3つあります。

1　中国ビジネスの難しさを正しく知ること

2　中国ビジネスにおいて最低限知っておくべきことを知ること

３　中国ビジネスにおける９割の失敗を防ぐ方法を知ること

ここからは、この3項目について、なぜこれらが必要なのかをご説明します。

2　必要なことその1――中国ビジネスの難しさを正しく知る

(1)　難しさを正しく知ることの大切さ

ビジネスにおける難しさ

前述のとおり近年の日本人には「中国ビジネスは難しい」という非常に強い固定観念があるようです。「チャイナリスク」という言葉が使われるようになって久しく、「共産党一党独裁」と言われる政治体制、法律・制度の頻繁な変更、報道統制、文化の違い、競争の激化など、「中国ビジネスは難しいのだ」と思わせる様々な情報が日々、テレビや新聞から伝わってくるので、無理もないところだと思います。

先にも書きましたが、私自身、２０１１年に日本に帰国して以降、日本で初対面の方などに中国に駐在していたと話すと、ほとんどの場合、「大変でしたね」と言われます。「それは良かったですね」とか「さぞ楽しかったでしょう」と言われたことは一度もありません。ほぼ１００％、「大変でしたね」など、同情的な反応をされます。しかも5年駐在していた、と言うと、ほとんどの方が「5年も…お疲れ様でした」と反応されます。暗黙のうちに、「中国駐在＝苦労の連続」というイメージが共有されているのです。

しかし飽くまでこれはイメージです。中国ビジネスをより的確に理解しようとするのであれば、中国ビジネスはどの程度難しいものなのか、イメージではなく、実際を知る必要があります。

ここでいう「難しさ」は、ビジネスが失敗する可能性ですので、「リスク」と言い換えることができます。私の本業は、企業におけるリスクマネジメントなどを専門にするコンサルタントですので、ビジネスとリスクの関係について、少し簡単に解説させていただきます。

ビジネスとリスクの関係

「リスク」という語は、場面や使う人によって、少しずつ異なる意味で使われています。国際標準化機構（International Organization for Standardization：ISO）による定義では、リスクとは「目的に対する不確かさの影響」（ISO31000：2018）となっています。日本では会社法等で求められる内部統制報告制度において、リスクは「組織目標の達成を阻害する要因」と定義されています。

もう少しわかりやすく、企業にとってのネガティブなリスク、と考えると「企業経営に有形・無形の損失をもたらす可能性」と考えることができます。（一部のリスクは必ず損失をもたらすとは限らず、利益を生むこともあるため、ここでは「ネガティブな」と断りました。プラス側にもマイナス側

図表1-10　企業の代表的なリスク一覧の例

災害・事故等のリスク	自然災害	台風・高潮
		水災・洪水
		竜巻・風災
		地震・津波・噴火
		落雷
		豪雪
		天候不良・異常気象
	事故	火災・爆発
		停電
		交通事故
		航空機事故・列車事故
		船舶事故
		設備事故
		労災事故
		運搬中の事故
		盗難
		有害物質・危険物質の漏洩・バイオハザード
	IT	ネットワークシステム(通信を含む)の故障
		コンピュータウイルスの感染
		コンピュータシステムの故障
		サイバーテロ・ハッキングによるデータの改竄・窃取
		コンピュータ・データの消滅・逸失
経営に関するリスク	経営	経営層の執務不能
		グループ会社の不祥事
		乱脈経営
		新規事業・設備投資の失敗
		企業買収・合併・吸収の失敗
	知的財産権	知的財産権に関する紛争
		模倣品(コピー商品)の氾濫
	環境	環境規制強化
		環境賠償責任・環境規制違反
		環境汚染・油濁事故
		廃棄物処理・リサイクルにおける違反
経営に関するリスク	製品・生産・物流	製品開発の失敗
		瑕疵
		製造物責任(PL)
		リコール・欠陥製品
		生産拠点の操業停止
		生産技術革新による自社生産技術の陳腐化
		物流拠点の稼働停止
	コンプライアンス	セクシャルハラスメント
		役員・社員による不正・不法行為
		役員のスキャンダル
		社内不正(横領・贈賄・収賄)
		不正な利益供与
		独占禁止法違反・カルテル・談合
		インサイダー取引
		プライバシー侵害
		粉飾決算
		巨額申告漏れ
		監督官庁等に対する虚偽報告
		顧客からの賠償請求
		従業員からの賠償請求
		株主代表訴訟
		過剰接待
	労務	集団離職
		従業員の過労死・過労による自殺
		外国人不法就労
		海外従業員の雇用調整
		海外駐在員・海外出張者の事故
		国内出張者の安全対策の失敗
		差別(国籍・宗教・年齢・性)
		労働動議・ストライキ
	契約	契約紛争
	財務	デリバディブの失敗
		与信管理の失敗・取引先(顧客)の倒産
経営に関するリスク	財務	格付けの下落
		株価の急激な変動
	マーケティング	宣伝・広告の失敗
		競合・顧客のグローバル化への対応失敗
		顧客対応の失敗
	情報管理	社内機密情報の漏洩
		顧客・取引先情報の漏洩
		個人情報の漏洩
	自社への影響	取引先(顧客)の被災・事故
		納入業者・下請け業者の被災・事故・倒産
		取引金融機関の被災・事故・倒産
		設備業者の被災・事故・倒産
	広報	地域社会との関係悪化
		マスコミ対応の失敗
政治・経済・社会リスク	政治	戦争・クーデター・内乱・暴動
		法律・制度の急激な悪化
		国際社会の圧力(外圧)
		貿易制限・通商問題
	経済	景気変動・経済危機
		為替・金利・株価・地価変動
		原料・資材・原油の高騰
		市場ニーズの変化
	社会	テロ・破壊活動・襲撃・占拠
		インターネットにおける批判・中傷
		マスコミにおける批判・中傷
		ボイコット・不買運動
		暴力団・総会屋等による脅迫
		感染症の蔓延
		風評
		人口減少・少子化・労働力不足
		技術革新による業界構造の変化

にも変動するリスクは「戦略リスク」「ポジティブリスク」等と呼ばれます。）

「リスク」は「可能性」ですので、実は無数にあります。一般的に何らかのビジネスを行う上での「リスク」と考えるだけでも、非常に多岐にわたるリスクがあることは容易に想像できます。

あらゆるビジネスにはリスクがつきまといます。それも図表1-10にあるように、1つ2つではなく、多岐にわたるリスクが、それぞれのビジネスに常に存在するのです。

新規に事業を行う、新たな製品・サービスを作る、新たな投資をする、というときには、否が応でもこのリスクの存在を意識することとなります。例えば起業のための資金を集め、新たな飲食店を開業する、という場合、お客が想定通り集まらず売上げが上がらなかったら、適切な従業員が確保できなかったら、競合にお客を奪われたら、万が一食中毒でも出して長期間店を開けられなくなったら…など、様々な「リスク」が思い浮かびます。

ビジネスには「リスクテイク」が不可欠

一般的に、新規事業や新規投資などを行う際、「リスク」の大きさと収益性は比例するとされます。金融商品を例にするとわかりやすいのですが、例えば株式投資は「ハイリスクハイリターン」、元本が保証される銀行預金は「ローリスクローリターン」などといわれます。ここでいうリスクは、「プラス側にもマイナス側にも変動するリスク」で、プラスでもマイナスでも一定期間後の変動の幅が大きいことを「ハイリスク」といっています。

新規事業や新規投資の場合も金融商品と同じで、ハイリスクなビジネスほどハイリターン、つまり高い収益性が期待できるのです。もっと言えば、自身をリスクにさらす度合いを増やせば増やすほど、リターンを得る可能性＝チャンス（機会、オポチュニティとも言います）も高まるのです。この観点で「リスクテイク」という言葉が良く使われます。つまり、ビジネスで収益を上げるためには、一定程度自身をリスクにさらす、つまりリスクテイクすることが必要なのです。

私たちは新規事業を行う、新規投資を行う場合に、意識せずともリスクテイクを行っています。ここで問題になるのは、「テイク」したリスクの大きさが、果たして自身の身の丈に合っているか、許容量を超えていないか、ということです。個人でも企業でも、自身の身の丈、というものがあります。これを超えてリスクをテイクすると、例えば個人の場合は何年かかっても返せないほどの借金を抱えてしまい自己破産する、企業の場合では債務超過に陥る、ということとなります。つまり自ずとリスクテイクには上限がありますが、その範囲でできる限りのリスクをテイクしていかないと収益を上げるビジネスはできない、ということとなります。

だからこそ、あらゆるビジネスにおいて、そのビジネスを行うことがどの程度のリスクにさらされることとなるのか、できる限り正確に知ることが大切なのです。海外ビジネスを行う場合、中国へ進出するのか、はたまたタイへ進出するのか、どちらがどれだけ自身にとってチャンスをもたらし、リスクがどの程度あるのか。これを独自の情報でできる限り正確に評価することが、ビジネスの収益性を高める上で非常に重要なステップなのです。

経営環境の厳しさをどうとらえるべきか

政治・経済・社会など、外部の経営環境をどう考えるべきかについても触れておきます。中国におけるビジネスを考える上で、中国を巡る国際情勢や政治・経済・社会などの経営環境は非常に重要な要素です。

例えば為替レートの変動などは代表的なものです。一般に円高になれば、日本からの輸出事業は不利になり、輸入事業が有利となります。円安の場合は逆です。これは中国での輸出入事業の場合にも同様のことが言え、中国の通貨「人民元」の交換レートが「元高」になれば、中国からの輸出事業は不利に、中国への輸入事業は有利になります。

2018年以降、米国のトランプ政権が中国の巨額に上る対米貿易黒字額を問題視し、追加関税措置を次々に発動したことから、米中貿易戦争が勃発しました。これにより中国から米国への輸出事業が大きな打撃を受け、一部の企業は生産拠点の移転などの対応を行っています。

このように政治・経済・社会の情勢変化はビジネスに多大の影響を与えます。しかし実際のビジネスを考える上では、これらの情勢変化に対して、過度に反応してしまうことも慎むべきです。為替レートにしても、貿易戦争にしても、影響を受ける事業と受けない事業があり、影響を受ける事業の中でも、甚大な影響を受ける事業から大きな影響が生じない事業まで様々な事業があるのです。例えば為替レートの変動は、国内で部品や必要資材などを調達し、専ら国内で販売する事業にはほとんど影響を与えません。

また、海外ビジネスにおいては、国内ビジネスと比較して、事業を立ち上げたり、または事業内容を変更したりする際に、より長い時間を要します。この観点では右記のような様々な情勢変化を、数ヶ月・数年先まで見越して判断していく必要があるのです。例えば現地で人を採用し、教育・育成などを行う事業の場合、事業が軌道に乗る頃には既に数ヶ月から数年が経過している場合があり、そうなると情勢が既に創業時から大きく変わっていることが多いのです。為替レート１つとっても、直近の動きだけではなく、数ヶ月・数年先にどうなっていそうかという予想を含めて、情勢を判断していく必要があるのです。

追って述べていきますが、中国ビジネスでは、現地での人間関係構築や人を育てる、ということが重要な要素となります。これらは一朝一夕ではできないものですので、直近の情勢が悪いから進出しない、ではなく、直近の情勢は不利だが、数ヶ月または数年先に情勢が改善したときにビジネスを成長させられるよう、今から準備をしていく、という判断もあり得るのです。

(2)　海外進出先選定の考え方

海外進出先選定における視点

ここでは、中国ビジネスの難しさ＝リスクに関連して、そもそも一般的に企業が海外進出先を選定する際、どういう観点で選ぶ必要があるのか、という点を簡単に述べます。中国ビジネスの難しさを正しく知ることと併せて、中国が他の国々と比較して、進出先としてどのように評価されるかを知れば、より的確な経営判断ができるはずだからです。

海外進出先を選ぶ際、まずは何を考えるべきでしょうか？

まずは進出先にビジネスチャンスがあるか、即ち市場規模が大きいかどうか、という点は重要だと思います。ご存じのとおり中国は世界最大の人口を誇りますので、「世界の市場」としての期待が寄せられています。ただし気を付けなくてはいけないのは、人口が多ければそれだけで良いというものではなく、市場規模が大きくなるためには、その国の所得水準が一定程度高まっていることも重要とされます。

ビジネスを行う環境がどの程度整備されているか、も重要です。電気・水道などのインフラが適切に提供されるのか、さらには海外企業の投資を受け入れる制度・体制が整備されているのかも重要です。

加えて、忘れてはいけないのは、安全面です。治安が悪くて、テロや犯罪が横行する環境がないか、日本人を現地に派遣しても問題ないか、さらには国として、政情が十分安定しているかどうか、汚職などの犯罪が適切に取り締まられているか、などもビジネスの安全性に影響を与えます。さらに、自由な報道ができる国かどうか、というところも、ビジネスに大きな影響を及ぼします。こうした様々な要素から、その国のビジネス環境を客観的に評価していくことが重要です。

中国は日本企業にとって有望な進出先か

中国が日本企業にとって有望な進出先なのかどうかを考える際は、右記のようなビジネス環境の評価に加えて、「二国間の隔たり」という視点が必要です。一般的に、二国間の文化的、制度的、地理的、経済的な差異が大きければ大きいほど、その国に進出してビジネスを行うのは難しくなります。世界の国々の、外国への直接投資（対外直接投資）額を比較すると、投資額１位は米国で２位が日本です。対外直接投資額が最大の米国企業を分析すると、米国と地理的、または文化的に似通った国々で、主に利益を上げている傾向がみられます。世界には英語を公用語とする国・地域が多数あります。そういう国・地域では米国企業はビジネスを行いやすいであろうことは予想できるところです。一方、言語も違う、文化的にも全く似た部分がない国、例えばロシアやアジア各国などは、米国企業が苦戦しているそうです。

日本企業が海外でビジネスを行う場合も同様で、ビジネス環境が優れているかどうかだけではなく、日本と様々な面で「隔たり」が大きいかどうか、も重要な評価基準になります。

3　必要なことその2　中国ビジネスにおいて最低限知っておくべきことを知る

(1)　あらゆる中国ビジネスに共通する最低限知っておくべきこと

「最低限知っておくべきこと」とは

中国ビジネスを正しく理解するために必要なことの2つめは、「最低限知っておくべきことを知ること」です。中国を専門とする研究者でない限り、中国について何でも良いので知識を得たいとか、情報を集めたいとは考えません。しかし、中国でビジネスをしたいと考えるのであれば、最低限これだけは知っておかないといけない、という知識が確かにあります。製造業であろうとサービス業であろうと、どんなに大きな事業でも小さな事業でも、どんなビジネスであろうと、中国でビジネスをする以上は必ず知っておかなくてはいけない、そういった知識をまとめることとします。本書の第4章では、図表1-11のような項目を考えました。

「十分条件」ではなくて「必要条件」

お断りしておきますが、本書は、中国ビジネスにこれから取り組む方のための指南書を目指してお

図表1-11　中国ビジネスにおいて最低限知っておくべきこと（第４章）

1　中国社会のニーズを察知する努力をする
(1)「日本のやり方」持ち込み方式は全く通用しない
(2)私たち日本人は中国人の感覚を理解していない
(3)中国ビジネス成功者は語る
(4)日本には中国にまだ提供できるものがある
2　良い支援者を探すよりも支援者を「うまく使う」
(1)「良いパートナーがみつかった」の落とし穴
(2)「中国人に全て奪われた」中国起業事件簿
(3)弁護士・コンサルタントなど外部専門家の活用と限界
3　説得するより「仲間」を増やすことの大切さ
(1)「任地を愛する」ことがなぜ大切か
(2)人事労務管理は全駐在員で取り組むべし
(3)説得するより「仲間」を増やす
4　中国人を変えようとするより文化的な違いを理解し対処する
(1)中国人を理解し，違いを乗り越える努力をする
(2)『異文化理解力』に学ぶ文化的な違い
(3)『スッキリ中国論』に学ぶ対処法
(4)Win-Winの関係を目指す人は最も勇気のある人

りません。先に書いた項目は、実は１つ１つの項目に非常に奥深い知識が必要とされる場合があります。中には項目１つで一冊の本になってしまうものもあります。しかし本書では、何を最低限知っておかなくてはいけないのか、という点に集中するため、立場の違い、ビジネスの違いによって「この場合はこういうことも知っておいた方が良い」、という知識は極力割愛します。飽くまで「最低限の知識」であって、様々な中国ビジネスに必要とされる知識の「最大公約数」的な内容であるとご理解ください。必要に応じて他の書籍などでさらなる情報を集めてもらうことを前提としています。

数学で習う「必要条件」「十分条件」で言うと、本書で紹介する「最低限の知識」は、中国ビジネスを成功させるための「十分条

件」ではなく、「必要条件」です。この知識があるだけでは中国ビジネスを成功に導くことはできないかも知れませんが、「必要条件」ですので、これを知らないと中国ビジネスで成功することはできません。この知識さえ押さえておけば、中国ビジネスを正しく理解することが可能になります。

(2) 初歩的な失敗を防ぐ

最も初歩的な失敗

中国ビジネスにおいて、最も初歩的な失敗は何でしょうか？　それは「知らない」ことによる失敗です。さらに言うと、誰もがまたは多くの人が知っていることを「知らなかった」ことによる失敗です。なぜこの失敗が最も「初歩的」かというと、最も簡単に防ぐことができる失敗だからです。防ぐためには知識を身に付けるだけで良いのです。それほど多くのお金も時間も必要としません。

後述しますが、過去の中国ビジネスにおける失敗事例では、実は、この初歩的な失敗が多くみられます。原因は簡単で、当時はまだ、これらの知識が知られていなかったからです。日本企業が中国に本格的に進出するようになって、既に30年以上が経過しています。その間、多くの企業が中国へ進出し、手探りでビジネスを展開してきました。当然、トラブルの連続で、そうした経験が徐々に多くの企業に共有されるようになり、「集合知」として蓄積されるようになりました。本書で紹介する「最低限知っておくべきこと」は、こうした先人たちの挑戦と苦労により得られた貴重な知識なのです。

私たちは先人たちの苦労に感謝し、これらの知識を最大限に活用していく必要があると思います。

4　必要なことその３　中国ビジネスにおける９割の失敗を防ぐ方法を知る

(1)　中国ビジネスにおける「失敗」の分析

「失敗」にもレベルがある

中国ビジネスを正しく理解するために必要なことの３つめは、「９割の失敗を防ぐ方法を知ること」です。この項目は、先の「最低限知っておくべきことを知ること」の発展編のような位置付けです。先に書いた通り、「最低限知っておくべきことを知ること」は中国ビジネス成功の「必要条件」です。「必要条件」ということは、ビジネスを成功に導くにはまだ他にも必要な要素があることを示しています。次のステップとして皆さんに理解していただきたいのは、中国ビジネスで頻繁に陥りやすい「失敗」パターンを避ける方法です。

現在巷には、中国ビジネスの失敗事例を紹介する書籍・資料が実は数多くあります。

これらは実例、実話ですので、何よりも迫力があり、その点では大いに参考になります。しかし気を付けなくてはいけないポイントがあります。それは、多くの「失敗事例集」は、ビジネスを行う上

図表1-12　中国ビジネスの失敗事例を紹介する書籍・資料の例

『今，あなたが中国行きを命じられたら 改訂版―失敗事例から学ぶ中国ビジネス』（高田拓，ビーケイシー，2010年８月）
『中国進出失敗・トラブル事例集―中国投資のプロが教える実例と対策』（筧武雄，明日香出版社，2002年８月）
『海外派遣者ハンドブック－経験者が語るビジネス事例集－中国編』（日本在外企業協会，2018年11月）

でどのような事態を最も避けるべきか、とか、逆にあまり重要でない失敗・トラブルはどういうものか、といった、「失敗事例の重みづけ」がなされていない例が多い、ということです。中国でビジネスを行い、できれば成功させたい、売上や利益を増やし、ビジネスを成長させたい、そのような目標を持つ場合、特にどのような失敗が最も悪影響が大きいのか、どういう失敗は「許容範囲」として目をつぶることができるのか、そういった観点が抜け落ちている場合が往々にしてあるのです。

これまでの様々な日本企業の進出事例で、どのような失敗事例があるのか、を数多く知っていただくのは有益だと思います。しかしそこで止まってしまってはいけません。様々な失敗事例のうち、自身のビジネスの目的に対して、最も深刻な影響をもたらす失敗はどのようなものかを検討し、より深刻な影響をもたらす失敗に対して、どのような防止策が考えられるかを理解することが求められます。「失敗」にも深刻さの度合い、レベルがあるのです。

(2) ビジネスで成功する方法よりも「失敗しない方法」を知る意味

豊富な失敗事例から「失敗しない方法」を学ぶ

先に述べたとおり、中国は3万2千と、最も多くの日本企業拠点が存在する国です。さらには年間250社前後が撤退している国でもあります。つまりは、残念ながら多くの失敗事例が存在するのです。「失敗事例集」が数多く公開されていることを紹介しましたが、公開されている以外に、実は膨大な「非公開の」失敗事例が存在します。逆に言うと公開されている失敗事例はほんの氷山の一角だと思うべきです。本当に目も当てられないような失敗を経験した企業は、多くの場合、その情報を公開しません。しかしそういう、深刻な失敗事例にこそ、これから中国ビジネスに挑戦するかもしれない私たちにとって、最も知らなくてはいけない教訓が隠されているのです。

どのようなビジネスでも、ビジネスを立ち上げ成功させるのは、並大抵な努力では成し遂げられません。『起業の科学 スタートアップサイエンス』（日経BP社）の著者・田所雅之氏は「Amazonやfacebookのような『大成功するスタートアップ』をつくることはアートだと思いますが、『失敗しないスタートアップ』は高い確率で実現できます」と語っています。中国ビジネスにおいても、事業を立ち上げ、大成功させるのは容易ではありません。しかし、「失敗しないスタートアップ」を高い確率で実現する方法があるように、「失敗しない中国事業」を高い確率で実現する方法はあります。それは、過去の豊富な失敗事例に徹底して学び、中国ビジネスにおいて致命的かつ典型的な失敗を避ける方法を知ることなのです。

第2章　どうして中国ビジネスがわからないのか

これまで中国ビジネスはよくわからない存在になった、という話をしてきましたが、本章ではもう少し、なぜわからないのか、をみてみましょう。中国ビジネスがわからない、主な理由は、次の３つだと考えています。

1．ネガティブな情報ばかりみてしまう
2．過度に強い警戒感を持ってしまう
3．逆に「難しくない」と思い込む

私は２００６年の春、会社の上司から中国赴任の内示をもらうまで、中国で自分が仕事をするとは思ってもみませんでした。中国のことはほとんど良く判っておらず、正直言いますと、赴任先の上海市の位置さえ、正確に理解していませんでした。本格的に中国のことを知ろうとしたことはほとんどなかったのです。中国赴任が決まり、慌てて中国のことを勉強し始めました。書店に行き、中国に関連しそうな本を（簡単に読めそうなものから）片っ端から集めて読み始めました。その頃、大変印象に残っているのは「中国は間もなく崩壊する」と断言する書籍が複数あったことでした。また内示をくれた会社の上司からも、「まあ、中国はこれからどうなるのか…もう崩壊するなんてことを言う人もいるし…胡錦涛（国家主席（当時））は〝中国のゴルバチョフになる〟なんて言っている人もいるな…でも、３年程度で帰れると思うから、しっかり行ってきてくれ」と言われました。ご想像いただけるかと思いますが、赴任の辞令をもらいしばらくすると、不安な気持ちがどんどん膨らんできました。

私の場合、今となっては幸運だったと思いますが、この不安な気持ちはその後、比較的早く解消することができる、ある「きっかけ」がありました。しかし日本国内で中国の情報を集めようとすると、当時の私自身と同様、非常に不安な気持ちになる人が多いのは、現在でもあまり変わっていないと思います。

1　中国ビジネスが「わからない」理由

(1) ネガティブな情報ばかりみてしまう

ネガティブ情報があふれている

日本国内にいると、中国のネガティブ情報が嫌でも目に入ってきます。例えばネットの情報です。動画共有サイト YouTube などで中国関連の動画を検索すると、中国の深刻な環境問題や大気汚染などによる健康被害問題、内陸部の貧困層の生活実態など、ネガティブ情報満載の動画が大量に出てきます。

さらに書店で中国関連の書籍を探すと、必ず中国を批判的に取り扱った書籍がかなりの数みつかります。書店の配置にもよると思いますが、中国関連の書籍をまとめたコーナーがある場合、コーナー内の恐らく半分かそれ以上は、いわゆる「嫌中本」、中国を感情的に嫌う人々による書籍が占めています。「中国は間もなく崩壊する」等と主張する「中国崩壊論」をはじめ、「中国は世界から見放される」「中国の時代は終わった」など中国を否定的に論評する書籍が非常に多く刊行されていることがわかります。

これらの書籍は、長年中国を研究してきたジャーナリスト・評論家などが書いていることが多いため、中国の政治・経済・社会の姿を勉強するには有用なものも多くあります。私自身もこうした「中国崩壊論」書籍を何冊か読んだことがあります。しかしこれらの書籍の基本的なメッセージは、「中国は今すぐにでも崩壊（または破綻等）するので、貿易・投資などのビジネスを展開すべきでない」、または「中国は人権保護や国際ルール遵守などの面で不適切な国家なので、一切関わってはいけない」等なので、既に中国でビジネスを展開しようとしている、または将来的にビジネス展開を検討している方には戸惑う面が多いと思われます。

もちろん中国を冷静に研究・分析した書籍や、中国ビジネスのための有用な情報提供を行う書籍も多数あります。しかしこれほど多くの「中国崩壊論」書籍が並んでいるのをみると、知らず知らずのうちに「中国は何か危なそうだな」という印象を持つ人も多いと思います。

「嫌中本」の歴史

「中国崩壊論」を含む、中国を否定的に論じた書籍は「嫌中本」とも呼ばれます。これらの書籍は意外に古くからあり、先に述べたように、２００６年にも既に書店にたくさんの「嫌中本」が並んでいました。

嫌中本が数多く刊行される背景には、第1章でもみたとおり、私たち日本人の中国に対するネガティブな感情があります。内閣府が実施している「外交に関する世論調査」では毎年、「中国に親しみを感じるか」という問いに対する回答を集計しています。１９８７年には「親しみを感じる」（「親しみを感じる」「どちらかというと親しみを感じる」の合計）が69・3％に達していましたが、その後、１９８９年の天安門事件、１９９３年に就任した江沢民主席（当時）の反日教育、２００５年の反日デモ、２００７年以降明らかとなった中国産食品・中国製製品の安全性問題、２０１２年の大規模反日デモなどにより、２０１４年までほぼ一貫して割合が減少し、２０１４年には「親しみを感じる」が14・７％まで低下しました（図表2-1）。

天安門事件は、１９８９年に民主化を要求する学生を中心とした一般市民のデモ隊に、中国の政府軍である人民解放軍が武力で鎮圧を行い、多数の死傷者が発生した事件です。この事件は当時、中国の民主化運動の動向を注視していた世界各国に衝撃を与え、中国に対しては国際的に厳しい非難が集まりましたが、中国国内では共産党内の「強硬派」が最終的に事態を掌握したため、公然と事件そのものが隠蔽され、厳しい報道統制の対象となり現在に至っています。当局から「反体制派」とみなされた人物は一斉検挙が行われ、政府の対応に失望した民主活動家や研究者などが多数、海外へ亡命する契機ともなりました。事件直後に当局に投獄され、釈放後も国内で民主化のための活動を続けた劉暁波氏が２０１０年にノーベル平和賞を受賞したのも有名な話です。「嫌中本」の著者には、民主化運動の元活動家などを含め、天安門事件を契機に中国の現政権と決別し、批判・非難を展開するようになった人が多くいます。

なお、日本以外の各国は中国に対してどのようにみているのでしょうか？　米国のシンクタンク、ピュー・リサーチ・センター（Pew Research Center）が２０１８年10月に発表した調査では、調査

図表2-1　中国に親しみを感じるか

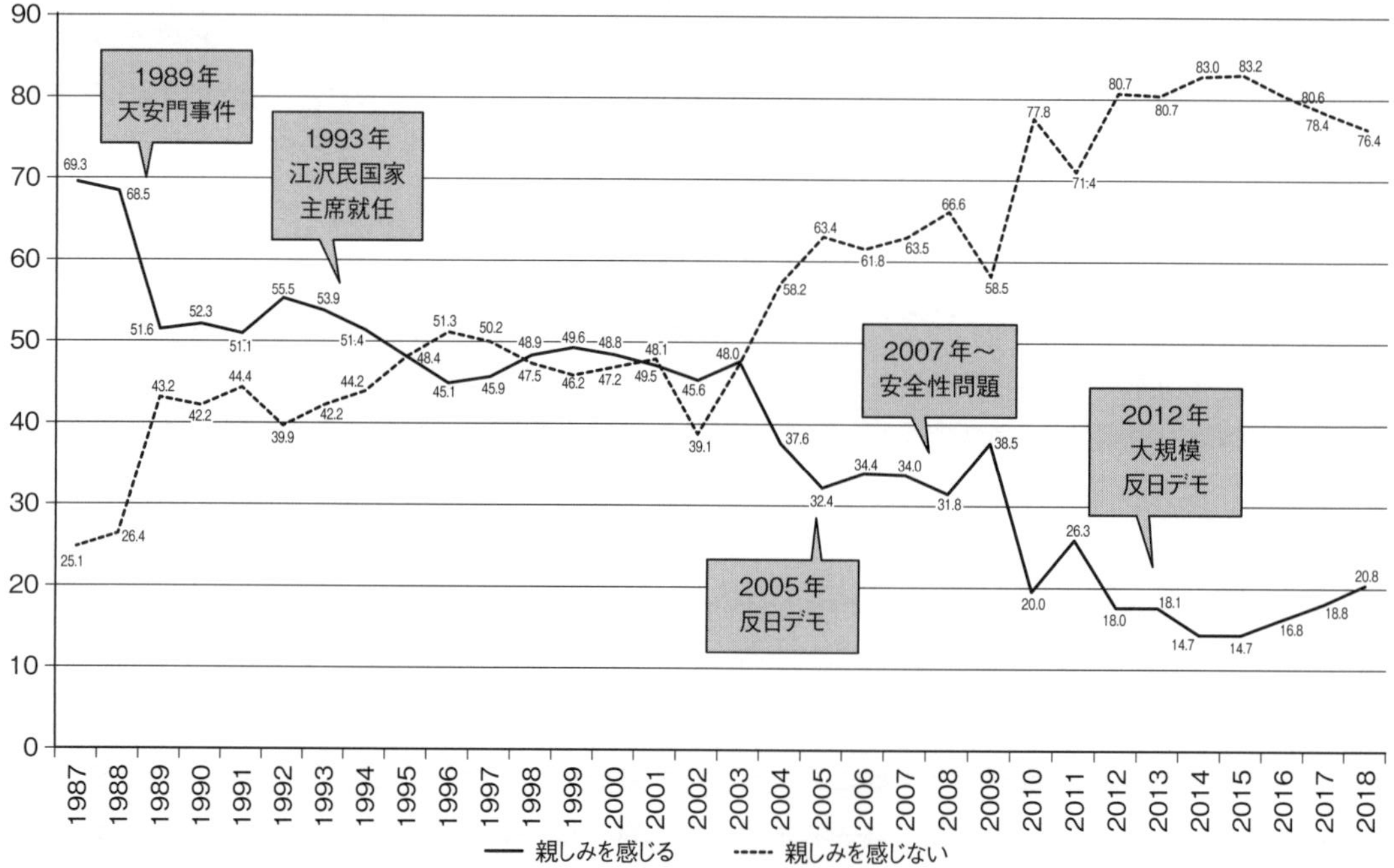

出典：内閣府「外交に関する世論調査」

対象とした世界25ヶ国において、平均して45%が中国に対して好意的な見方をしている、という結果となりました。好意的な見方の割合を国別でみると、ロシア65%、英国49%、フランス41%、ドイツ39%、米国38%となっており、日本17%が対象国の中では最低という結果でした。

(2) 過度に強い警戒感を持ってしまう

中国・中国人を危険視し警戒する理由

中国や中国人全般に対して、強い警戒感を持つ人が多くいます。例えば、中国人は良く人を騙す、信用できない、といった評判・評価などです。これらは事実に基づく場合もありますし、本人の実体験の場合もあります。例えば私の知人で設計事務所を経営している人は、人の仲介で中国人を紹介され、中国での施設設計の依頼を受けました。図面を作成し、発注者の中国人へ送ったところ、その後何の連絡もなくなり、そのまま連絡がつかなくなってしまいました。つまりお金を払わず、図面だけを奪われてしまった、というわけです。

また先に書きましたが、２００７年ころ、世界中で中国産食品や中国製製品の安全性に関する問題が注目されたことがあります。「段ボール肉まん」が北京市の露店で売られていた、という報道が出たり、中国製冷凍餃子で日本の消費者計10人が中毒症状を訴えた、いわゆる「毒餃子事件」が起きたりしました。その後も、中国で大きな社会問題となった、粉ミルクなど乳製品へのメラミン混入事件

（２００８年）や大手ファーストフードチェーンなどへ製品を卸していた中国の食肉加工工場での消費期限切れ食肉使用事件（２０１４年）などは、日本国内でも大々的に報道されました。食品以外でも、中米パナマで中国製「風邪シロップ」を使用した４００人近くが死亡した事件（２００６年）、中国製ペットフードを食べた犬・猫など4、０００匹が死亡した事件（２００７年）、米国で中国製子供用玩具などから危険レベルの鉛が検出され自主回収された事件（２００７年）など、数多くの事件が発覚し、中国製食品・製品は危険である、という認識が世界中に広まりました。米国などでは中国産を使用していないことを示す「チャイナ・フリー」という言葉が広まり、日本でも中国製品を警戒する人が急増しました。

最近では「ファーウェイ問題」に代表されるように、中国の諜報活動に対する警戒心が高まっています。ファーウェイ問題の発端は米国ですが、日本政府も政府調達の対象から同社製品を除外するなど米国政府に同調する方針を示しています。中国がハッキングやサイバー攻撃など、不法な方法で他国の情報を窃取しているとの疑いは古くからあるものですが、ほとんどの人がスマートフォンを携帯し、エアコンや自動車など身近な電化製品が次々とインターネットに接続されるＩｏＴ時代においては、情報窃取に対する危険性に対して十分注意する必要があるのは言うまでもありません。

これらの警戒感は妥当か

このように、多くの不正・詐欺事例、製品の安全性問題、情報の窃取リスク、などから、中国は危険である、ビジネスを行うべきではない、と考える人も多くいます。確かに問題の深刻さを考慮していくと、このような考え方も一理あるかも知れません。しかし私は、これらの問題を理由に、中国ビジネスを経営の選択肢から完全に除外するのは行き過ぎではないかな、と感じます。

「騙される」という点については、日本国内でも、中国以外の国々でも人を騙す不法な輩はいる、ということを指摘したいと思います。騙される方が悪い、などとまで言うつもりはありませんが、そもそもどの国でビジネスをする場合も、悪意を持った人物がどこにいるかわからない、という前提で、常に自衛策を講じる必要があるのは間違いありません。

また、中国における製品の安全性問題は、中国においても深刻な社会問題であり、むしろこの点にこそ日本企業が活躍できる場がある、とも言えます。中国において問題のある製品が多く出荷されている原因は、中国における製造・流通・販売の各過程に深刻な不備・問題があることを示しています。これらに対して、日本企業や日本人が、これまで日本で培った精緻な品質管理の手法を導入し劇的な改善を図ることができれば、そしてそれをうまくビジネスにつなげることができれば、日本にとり大きな商機になるはずなのです。

情報の窃取リスクについては、政治的なプロパガンダも含まれる可能性があるため、冷静に事実を把握していく必要があると思います。ファーウェイ問題で渦中にあるファーウェイは反論として、出荷製品に違法なデバイスを組み込んだことはないとたびたび主張しています。専門的な検証を経れば、いずれは事実が明らかになるのではないかと思います。なお国家間においては、中国だけが諜報活動をしているわけではありません。むしろほとんどの国は専門の諜報機関を保有しており、様々な形で他国の情報を収集しています。それが各国の法律に照らして違法なものであれば、各国の法律で処罰すれば良い話だと思います。

(3)　逆に「難しくない」と思い込む

基本的に日本と同じに違いない、という思い込み

中国ビジネスについての態度としては、「ネガティブな情報ばかりみてしまう」と「過度に強い警戒感を持ってしまう」の2つが非常に多いと思われます。3つめの「逆に『難しくない』と思い込む」は前の2つに比べれば少数派と思われますが、時々みられますので、言及しておきます。

中国に限らず海外のビジネス全般について言えることなのですが、「海外ビジネスは言語など表面的な違いがあるだけで、基本的に中身は同じだ」と考える人がいます。特に海外ビジネスの実務経験がない人ほど、そう思う傾向があるようです。例えば、会社の規模によりますが、海外ビジネスの規模がまだあまり大きくない会社の場合、海外専門担当がおらず、国内の管理担当が海外も一緒に担当する、ということが往々にしてあります。

例えば中国など海外特定国の現地法人用に、就業規則を新たに作らなくてはいけない、とか、業務マニュアルを作らなくてはいけない、といった場面があるとします。日本企業の場合、これらの社内

文書は当然既に日本国内用があるので、それを中国語など現地語に訳せばそれで良いのではないか、と考えがちです。賢明な皆様であればお気付きかと思いますが、こういった社内規則やマニュアル類を海外に展開する場合は、言葉以外にも実は越えなくてはいけない「違い」がたくさんあります。例えば就業規則などの場合、関連する労働関連法令は「属地主義」といって現地の法令が適用されるため、日本の法令に基づいた規則では適合しない条項が出てきます。マニュアル類も、電子機器などの操作マニュアルであれば良いのですが、「リスクマネジメント」とか「コンプライアンス」とか、抽象的でかつ概念が国際的に完全には確立されていないような文書になると、そもそもその前提となる概念が共有されていない場合、現地社員が理解できない、ということが起き得るのです。

海外でビジネスをするということは、常にこのような社会的または文化的違いを乗り越えるための工夫や努力が必要となります。この点を意識せず、「日本と同じに違いない」で押し通そうとして失敗するケースが散見されます。

以上、中国ビジネスがわからない３つの理由について述べました。次節からはそれぞれの理由について、どのような結果になるかを、皆さんと一緒に見ていきたいと思います。

2　ネガティブな情報ばかりみてしまった結果

⑴　悲しき中国駐在員・出張者

お土産を食べてもらえない

中国製食品・製品の安全性に関する問題がたびたび報道されてきた結果、中国駐在員や中国出張者は日本へ帰国したときのお土産に困るようになりました。海外渡航後の職場へのお土産と言えば、ハワイのマカデミアナッツなど、チョコレート・お菓子などが手軽で定番かと思われますが、中国に限っては、食品のお土産は避けた方が良い、ということがよく言われます。

私自身も２００７年に中国から初めて一時帰国して、日本の職場に挨拶に行ったときに、何をお土産にするかで悩みました。１回目はお菓子でしたが、見事に不評でした。２回目はティーバッグで淹れられる中国茶の箱を買っていったのですが、後で聞いたところ、「職場の誰も飲まなかった」ということでした。それ以降、私は、中国からの一時帰国時に、日本の職場に中国の食品類を持っていくのはやめました。当時はちょうど、様々な中国の食品問題が報道されていた時期だったせいもあると思いますが、買っていった側からすると大変寂しい思いをした記憶があります。

(2) 赴任拒否者続出

「中国は危険」として赴任拒否

前年の大規模反日デモ以降、中国の対日感情が悪化した状態が続き、ＰＭ２・５などによる大気汚染の深刻化も進んでいた２０１３年、日本経済新聞に「日本人学校内の教員、中国赴任３分の１が辞退」という記事が掲載されました。記事では、日本人学校教員を募集する「海外子女教育振興財団」経由で採用が決まり、北京や上海など中国の９校に派遣されることが決まった44人のうち、17人が赴任先を聞いた後に「親が心配している」などを理由に内定を辞退したとしています。同財団によると中国以外の国への赴任者では内定辞退はほとんどないそうで、「大規模な反日デモや、微小粒子状物質（ＰＭ２・５）による大気汚染で、中国での勤務に不安を感じる人が多い」との担当者の話が紹介されました。

日本人学校に限らず、民間企業においても中国赴任の拒否事例は散見されるようです。「ＹＡＨＯＯ！ＪＡＰＡＮ知恵袋」などをみると、「危険なので中国転勤を拒否したい」、「後輩があんな危険なところに行きたくない、と中国赴任を断って会社を辞めた」といった相談事例が掲載されています。株式会社プレジデント社が２０１３年に定期購読者に対して実施したウェブ調査（有効回答数：２４４２人）では、「中国への赴任が決まったらどうしますか」という問いに、30代以上の過半数が「できれば断りたい」と回答しました。

なぜ拒否するのか？

中国赴任を拒否する理由としては、先に挙げたとおり、反日デモの影響やＰＭ２・５に対する懸念などが指摘されます。先のウェブ調査では、「海外赴任を望みますか」という問いに対しても、半数近くが「あまり気が進まない」「まったく気が進まない」と回答していました。近年は若者の「内向き志向」が拡大しており、海外赴任を敬遠する傾向が強まっているとも言われますが、その中でも中国が特に拒否の対象になるのは、国内にあふれるネガティブ情報の影響であるとみることができます。

(3)　否定論の中身

リスクのない国はない

中国でＰＭ２・５による大気汚染が注目されるようになった後、世界保健機関（ＷＨＯ）の調査により、デリー首都圏などインドの主要都市で、中国以上にＰＭ２・５による汚染が深刻化していることが指摘されました。２０１６年のＷＨＯの調査によると、ＰＭ２・５の年間平均測定値の上位20都市には、イラン、インド、サウジアラビアなどのアジア・中東の各都市が上位に並び、中国以上に大気汚染が深刻化している実態が示されました。つまり２０１２年当時は中国の大気汚染のみがクローズアップされていたのですが、その後の調査により、世界には中国以上に深刻な大気汚染に悩む都市があることがわかってきたのです。

中国には、大気汚染に限らず、農産品の農薬問題や食品類の安全問題など様々な問題があるのは事実です。しかし旅行先を選ぶのではなく、ビジネスの対象としてであれば、一定のリスクは容認すべきかも知れません。ビジネスパーソンであれば、リスクがあるからと言って、ビジネスチャンスをみすみす逃すような判断は慎むべきではないか、と思います。

3　過度に強い警戒感を持ってしまった結果

(1)　中国人に対する警戒論

ファーウェイ問題の経緯と評価

ここで改めてファーウェイ問題について、詳しくみておきます。

ファーウェイ（中国語表記では華為技術）は、中国・広東省深圳市に本社を置く通信機器メーカーです。１９８７年に設立され当初は中国国内の電話会社向け通信機器提供が主体でしたが、90年代以降、業容の拡大とともに海外へのビジネス展開を加速し、欧州、アジア、アフリカ、南米などに事業を展開、２０１２年には世界最大の通信機器ベンダーにまで成長しました。光ネットワーク製品など複数の製品分野で世界シェア1位であり、世界中の３００近い通信事業者に製品・サービスを提供する他、スマートフォンの世界シェアでは、２０１７年に米国のアップルを抜いて世界2位となりました。

このファーウェイおよび中国の複数の通信事業者の製品について、米国政府が２０１８年以降、政府調達の対象から排除する方針を示しました。これを受け、２０１８年12月には日本政府も、官公庁が使用する情報通信機器の調達からファーウェイおよび同じく中国企業の中興通訊（ＺＴＥ）などの製品を排除する方針を明らかにし、大手通信キャリアもその方針に従うことを示しました。

元々米国政府は２０００年頃からたびたびファーウェイについて「安全保障上の懸念」を指摘していました。国際連合の経済制裁対象だったイラクのフセイン政権、アフガニスタンのタリバン政権、イランなどに、同社が通信機器を提供している可能性が指摘されていました。米国においては、２０１２年にもファーウェイ、ＺＴＥ製品の政府調達からの排除が勧告されており、韓国やオーストラリアなどでも、米国政府の要求を受け、ファーウェイ製品の排除が進められていました。２０１８年12月にはファーウェイ創業者の娘で同社副会長兼ＣＦＯの孟晩舟氏が、イランに対する経済制裁を巡り米国金融機関に虚偽説明を行った疑いで、カナダで逮捕されました。

ファーウェイ製品が危険とされる理由は、通信機器に極秘で何らかの細工が施されており、利用者の気付かないうちに情報が抜き取られ、中国政府に提供される、という疑いがあるためです。２０１８年12月、日本のある報道機関は、「政府がファーウェイ製品を分解したところ、『余計なもの』がみつかった」「余計なものはスパイウェアのような挙動をする」との与党関係者の発言を報じました。しかしこの報道には、ファーウェイの日本法人、ファーウェイ・ジャパンが「事実無根」「証拠が伴わない、虚偽の報道」「法的手続きを進める」として強く抗議した他、別のＩＴメディアが「自社でも専門家によって分解したが、余計なものはみつからなかった」と指摘しています。また、ドイツでは連邦電子情報保安局がファーウェイ製品を独自に調査した結果、米国による見解に「懐疑的な結果を得た」としており、ファーウェイの市場排除を行わない方針を示しており、フランスも同様の方針を示しています。

米国はファーウェイおよび中国企業の不透明性を指摘しており、日本政府もそれに従う方針を示していますが、いずれも、ファーウェイの反論に対して、決定的な証拠を示すまでには至っていません。一部には、次世代通信技術である「５Ｇ」（第５世代移動通信システム）を巡る開発競争において、米国企業にとり大きな脅威となる中国大手２社を排除する意図があるのではないか、との観測もささやかれます。

ファーウェイ問題については、今後の動向に注視する必要がありますが、ビジネスパーソンとしては、センセーショナルな報道に惑わされ過ぎることなく、何が事実かを見極める目を持ちたいところです。

(2) 内集団バイアス

「だから中国人は」問題

中国人は不誠実、すぐ嘘をつく、人を騙す、というイメージを持つ日本人は多くいます。ただ実際に中国人に騙された経験を持つ人は少ないのではないでしょうか？　実際に中国人と何らかの交渉をして、嘘をつかれた、騙された、という経験がある人は別として、多くの人は実体験ではなく、テレビ・新聞・ネットの情報でそういう印象を持っているのではないでしょうか？

初めて中国に出張・赴任した人は、最初のころに集中して「中国人に騙される」洗礼を受けるようです。例えばタクシーです。中国へ渡航すればまず国際空港に到着し、そこから（迎車手配がない人は）タクシーなどで都市部へ向かうのが一般的です。タクシーの運転手は現地に不慣れな外国人とみれば、故意に遠回りをすることがよくあります。スマホ決済が普及する前は、タクシー運転手による偽札とのすり替えが横行していました。特に夜間などを狙って、客が差し出した百元札を一旦受け取り、「この札は受け取れない」といって突き返すフリをして予め持っていた偽札とすり替える手口に、多くの日本人が被害に遭っていました。私の知人は、スーパーで買ったワイン1ダースをタクシーのトランクに入れ、自宅に到着し運転手が取り出したワイン箱を受け取ったところ、箱の中からワインが1本抜き取られていたことに後で気付いた、ということがありました。私自身も、混雑する観光地のチケット売り場で釣銭をごまかされるなど、少額ではありますが、様々な被害に遭いました。

中国に赴任した当初、先輩駐在員から教えられたのは飲食店の請求内容チェックでした。レストランなどで食事をして会計の段になると、店員が注文内容明細伝票を持ってきます。この伝票を毎回、慎重に1行1行確認することを、先輩から指導されました。なぜなら注文していない料理やお酒が伝票に書かれていることがざらにあるからです。実際に私が利用したあるレストランでは、確認の結果、注文していない高価なお酒が伝票にあったので、「これは注文していない」と指摘すると、店員が「すみません」といって伝票を持っていき、再度持ってきたのですが、改めて確認すると、先ほどのお酒は削除されていたのですが別の行に別の注文していない料理が新たに追加されていました。再度指摘し、修正を求めたのは言うまでもありませんが、店員の悪びれない態度を含めて、大変不愉快な気持ちになりました。

このような経験は恐らく、中国赴任者・出張者ならば誰もが持っているものだと思います。中国赴任者・出張者などが会うと、こういう話題が笑い話として出され、「だから中国人は信用できない」という話になりがちです。

内集団バイアスを認識する

もしあなたが、こうした赴任者・出張者の「騙された」話などを受けて、「中国人は信用できない」という感覚を持っているとしたら、少し注意が必要です。それは少し偏った見方になっている可能性があると思うからです。

タクシーの運転手や飲食店の例を挙げました。中国は所得格差が非常に大きい国であることはご存知かも知れません。例に挙げたような人々は中国の中でも所得が低い階層の人々です。そのような人々の行動だけをみて、中国人全般を信用できないと考えるのは、少し乱暴な判断であることはおわかりいただけるところだと思います。

また、日本人が「中国人は信用できない」と言うとき、その反面として「日本人は信用できる」という認識が前提になっていることが多くあります。実際にビジネスシーンでも「中国人は信用できないので、日本人に経営を任せることにした」など、「日本人は信用できる」前提で判断・意思決定が行われていることが散見されます。私はこの認識の方が、ビジネスにおいてはむしろ、危険な場合があると考えています。

例えば、中国の日系企業においては、幹部の横領・着服事件が以前から多く発生しています。こういう話を聞くと多くの人は「中国人はモラルが低いので、こういう不正事件が多いのだろう」と予想するのですが、中国に詳しい弁護士に聞くと、むしろ日本人による不正事件の方が多いのだそうです。理由は簡単で、ほとんどの在中国日系企業では、経営幹部を日本人で占めているケースが多いからです。中国人には重要な権限をほとんど与えない一方で、日本人に対しては無条件に信用し、場合によっては十分な管理も行わず、大きな権限を与えてしまっている例が多いのです。

心理学の分野では「内集団バイアス」という言葉があるそうです。人間が合理的な根拠に基づかずに誤った認識を行う「認知バイアス」の一種で、自己が所属する集団の者に対してその集団外の者よりも好意的な認知・感情・行動を示す傾向とされます。「自己が所属する集団」は「内集団」と呼ばれますが、チーム、会社、団体、家族または国家など、様々な規模の集団が「内集団」となります。私たち日本人が「中国人は信用できない」「日本人は信用できる」と考える場合、そこに明確な根拠がないとすると、単なる「内集団バイアス」による偏った見方である可能性があるのです。

4　逆に「難しくない」と思い込んだ結果

(1)　中国人は日本人と同じ？
見た目から「同じ」と思い込んでしまう

先に書いたように、少数派ではありますが、「海外ビジネスは基本的に日本と同じ」と考えている人々がいます。こういう人々からみると、特に中国人は、顔つきが似ていることなどから「日本人と同じ」と考えがちです。実際に最近は日本在住の中国人も増えています。日本に長年住み、日本語も堪能になり、日本が気に入って日本の生活に適応している中国人は「ほとんど日本人と区別がつかない」ともよく言われます。

このような見た目から、「中国人と日本人は同じ」との認識を強く持ってしまい、そこから、日本市場と同じような開拓方法ができるに違いないなど、「中国ビジネスは難しくない」と思い込む人々が一定数います。

中国ビジネスにこれまで関わってきた私の経験からすると、このような認識は幻想以外の何物でもありません。もしあなたがこのような感覚を少しでもお持ちであれば、今すぐ、180度見方を変えることをお勧めします。「中国人は日本人と同じに違いない」という思い込みは、大きな間違いであるだけでなく、中国ビジネスを進める上で大きな落とし穴になるものです。中国人と日本人の文化的な差異については、本書で後述することとしますが、ここでは、見た目が似ているからといって、中身が似ていると思ってはいけない、ということを強調しておきたいと思います。

(2) 日本のやり方をそのまま持ち込むのがなぜ良くないか

日本企業の進出失敗事例にみるパターン

日本企業の中国進出における失敗事例のパターンの1つとして、「日本のやり方をそのまま持ち込もうとした」と指摘される例がいくつかあります。有名なのは2000年代初め頃までの携帯電話事業であり、一部の飲食業、流通業などの進出もそのように指摘されることがあります。

日本企業の中国進出は、2008年頃までは、製造業が主体でした。製造業企業がより労働集約性の高い製造工程を中国に移転させ、製造コストを引き下げる、というモデルが中心となっていました。この段階では、中国に工場を建設し、製造機械を設置し、原材料を日本などから調達し、日本人技術者を多数指導役として派遣して現地採用従業員を教育・訓練することで、日本と同じ製造プロセスを中国で実現することができていました。基本的には日本のやり方を中国に移植することに注力するだけで、製造コストの引き下げを実現できていたのです。このモデルのお蔭で非常に多くの日本の製造業企業が中国に進出し、中国は「世界の工場」と呼ばれるようになりました。

しかし2008年以降、中国政府は外資企業の誘致方針を大きく転換させ、付加価値の低い、または環境負荷の高い製造工場の新規投資を大きく制限するようになりました。さらに、同時期に中国の最低賃金が急速に引き上げられた結果、人件費も急騰することとなりました。これにより「製造コスト引き下げ」モデルが成り立たなくなり、代わって、「世界の市場」としての中国へ進出する動きが増え始めたのです。具体的には飲食などのサービス業、流通業などが、中国への進出を積極化するようになりました。

中国を市場とみなし、中国の消費者向けに販売を行おうとすると、途端に「日本のやり方を持ち込む」という方法が通用しなくなります。なぜなら、中国人は日本人とは嗜好や行動パターンが全く異なるからです。

ファーストリテイリングの事例

「ユニクロ」や「ＧＵ」を展開するファーストリテイリングは中国で６３３店（２０１８年８月期）を展開し、中国事業を順調に成長させています。しかし２０００年代前半は中国市場で苦戦していました。同社グループ上席執行役員の潘寧氏は、かつてのインタビュー記事で自身が中国市場の責任者に就任した２００５年当時のことを次のように振返っています。

「ユニクロは中国本土に進出してから、長期に渡り局面を打破できなかった。これは日本のやり方をそのまま持ち込み、すべての人に対して市場最安値を提供したからだ。しかし価格を下げると、販売担当者はユニクロが最安値ではなくなり、多くの企業がさらなる低価格により競争を仕掛けてくることに気づいた。このような競争は、共倒れという結果を招く。

潘氏は苦しい状況の中、中国本土の消費者が、価格競争を必要としていないことに気づいた。割安な価格は喜ばしいことだが、より重要なのは商品がどのような価値をもたらすかだ。ユニクロのような国際ブランドにとって、顧客に国内では味わえない体験をもたらすことが最も重要だ。そのため潘氏は海外の、小売の面でかつてなかったもの（優良なサービスなど）を中国本土に導入した。これは中国本土の消費者に一定の衝撃をもたらし、彼らの興味を引きつけ、注目を集めた」

（人民網日本語版、２０１4年2月18日）。

同社のような大手でさえ、当初は日本のやり方を持ち込み、苦戦していたのです。その状況を打開したのは、現地市場での競合状況把握と消費者のニーズの研究、そしてどのような価値をもたらすべきかに関する深い洞察だったのです。中国は消費者の所得水準から、競合環境から、ファッションに対する考え方まであらゆるものが日本と異なります。そのような環境に、日本のやり方をそのまま持ち込んだところで、受け入れられる可能性は低いことはこのことからもよく理解いただけるところかと思います。

(3)「コークの味は国ごとに違うべきか」

「適応」戦略の重要性

米国ニューヨーク大学のゲマワット教授は著書『コークの味は国ごとに違うべきか』の中で、企業の海外展開における戦略の1つとして「適応」戦略の重要性を指摘しています。海外の複数の国々に展開する大手グローバル企業では、「中央集権化」と「標準化」が指向されることが過去によくありました。これは「自国市場と海外市場は基本的に大きな違いはない」という前提のもと、中央集権化・標準化により効率を追求しながら海外市場を開拓しようという考え方です。しかし消費者向け商品市場では、この戦略はあまりうまく行きませんでした。大手グローバル企業においても、海外で思うように売り上げが伸びず、苦戦する事例が多数みられました。どんなに優れた商品であっても、何も工夫をしないでそのまま別の国に売る、というのは困難であることがここからわかります。

「適応」戦略は、自国市場と海外市場の差異に注目し、その違いにどう対応すべきかを徹底的に検討し、海外各国の市場環境に製品・サービスを合わせようとする戦略です。この場合、企業が検討しなくてはいけない国ごとの差異としては、消費者の好みなどの「文化的な差異」、インフラ環境や法規制などの「制度的な差異」、気象条件や物流コストなどの「地理的な差異」、所得水準や人口の増減などの「経済的な差異」があり、国や地域ごとに製品・サービスを開発していくことで、製品などのラインナップを多様化させる必要が生じます。典型的な例としては、米国のマクドナルド社がインドでは羊バーガーを売るなど、現地の宗教・風俗に合わせた様々な商品を各国で展開している事例が挙げられています。

5　本章のまとめ

自らのバイアスに気付く唯一の方法

本章では中国ビジネスがわからない理由として、「ネガティブな情報ばかりみてしまう」「過度に強い警戒感を持ってしまう」「逆に難しくないと思い込む」という3つを挙げ、それぞれどのような結果となっているかをみてきました。

ところで、本章の冒頭で、私自身が中国赴任前に不安な気持ちになったけれども、ある「きっかけ」で不安な気持ちを「比較的早く解消することができた」と書きました。この「きっかけ」について書こうと思います。それは、何のことはない、中国に実際に出張することでした。

当時の私は、中国赴任を了承したものの、まだ一度も中国に出張したことがありませんでした。3ヶ月後の赴任が決まり、住居探しなど準備を始めようとしていた頃、上司と当時の駐在員の配慮で、中国での調査業務を任され、赴任に先立って現地へ初めて出張したのでした。現地では、上海市の他、江蘇省蘇州市という日系企業が多く進出している近郊の都市などを訪問し、現地の日系企業顧客も何社か訪問しました。

初めて中国に出張してみて、それで何がわかった、ということはまだあまりなかったと思います。ただ少なくとも、現地で駐在員や現地採用社員と実際に会い、一緒に仕事をしてみるなかで、「あれ、どうやら日本でテレビ、ネット、本で読んだ情報は本当に一部の情報でしかないのかも知れない」という感覚を強く持ちました。日本で受けていたイメージとは大きく違う、という言葉で表せない印象のようなものだったかも知れません。しかしその感覚は中国での滞在時間が長くなるほど強くなり、やがて「自分自身の中国に対する理解がかなり偏ったものだった」と確信するようになってきました。

中国に住んでいた日本人が、中国や中国共産党に少しでも肯定的な意見を言うと、「中国に買収されたのでは」「スパイではないか」と揶揄する人がいます。中国を訪問したことがない人にこのような話をすると、そのような感覚を持たれるかも知れません。しかし多くの方はご理解いただけると思いますが、所詮、日本国内で見聞きする報道やネットの情報は、誰かのフィルターがかかった「二次情報」なのです。しかもこれまで述べてきたように、日本国内には、こと中国に関してはネガティブな情報ばかりが入ってくる「フィルター」がかかっているのです。どんな土地でも、合う人と合わない人がいます。「住めば都」という言葉がありますが、自分にとって合う土地にするには、それなりにコツがあると思います。そして合わない人は、当然ながらその土地についてネガティブな感想を言うものです。それも貴重な1つの意見ですが、ネガティブな意見だけを鵜呑みにしてしまうのは、様々なチャンスを逃すことにつながり、大変もったいないことだと思います。

「内集団バイアス」の話も書きました。日本人は近年、中国に渡航しなくなり、中国人と接するのは訪日観光客ばかりとなってきています。以前、中国市場が今よりも注目された時代は企業においても経営幹部が頻繁に中国を視察していました。近年はこれも大きく減ってきているようです。日本人が生の中国に接する機会はどんどん減っており、「内集団バイアス」により、日本人は素晴らしい、中国人はマナーが悪いという認識ばかりが広がっているように思えてなりません。自らのバイアスに気付く唯一の方法は、一次情報に触れること、即ち現地を自分の目で見て確かめることだと思います。

第3章　中国ビジネスの難しさを正しく知るために

1　中国ビジネスはなぜ難しいと言われるようになったのか？

(1) 過去の失敗事例とその要因

本章ではいよいよ中国ビジネスを理解する第一歩として、中国ビジネスがどの程度難しいものかをはっきりさせることとします。先にみたとおり、中国ビジネスは難しい、という認識は、90年代頃から既に一般的となっていました。もう一度、１９９７年の新聞記事を引用します。中国投資における制度上の難点、として当時指摘されていたものです。

「外資への規制が厳しく、政策が二転、三転する体制である」
「外資の出資割合や進出拠点などの制限が多い」

「知的財産権の保護が十分でない」
「進出に必要な港湾や道路の整備が企業側の負担となり、初期投資が膨大になる」
「中国当局は、技術移転を目的に外資の進出を認めている面があり、自動車は現地企業との合弁しか認められない上に、部品工場すら単独で作れない」
「中国当局の投資政策が〝猫の目〟のように変わる」
（東京読売新聞「日中国交正常化25周年　緊密さ増す巨大市場　政策急転の懸念常に」（1997年9月30日）より）

20年以上前の記事ですが、ここで書かれている中国ビジネスにおける難点、リスク要因は現在でも同様に日本企業を悩ませていると言えます。本章ではこれらのような、中国進出企業を取り巻く多種多様なリスク要因を整理し、実像を明らかにしていきたいと思います。

私が中国に赴任した2006年当時も、既に多くの日本企業が中国に進出していましたが、ほとんどの企業が多くの経営・運営上の悩みを抱えていました。ちょうど2000年代前半の進出ブームが一段落した頃で、会社・拠点立ち上げの混乱を脱して軌道に乗せたものの、今度は運営上の問題が次から次へと噴出している、そういう状態の企業が多い印象でした。

私がリスクコンサルティング会社から保険会社の上海支店に赴任して最初に命じられた仕事は、「とにかくお客様企業の悩みを聞いて、解決策を考える」ということでした。それで様々な企業を訪問し、幹部の方に悩みを聞いて回りました。当初は企業幹部の悩みを聞くと「あれも困る、これも困る、あれも何とかしなくては」と次から次へと課題が出てきて、「一体何から手を付けてよいのやら」と悩んでいる、そういうケースもありました。しかし何社か話をしている内に、多くの企業で共通して取り組むべき課題とも言うべきものがみえてきました。それが何かは後で書くこととして、ここではまず、当時お聞きした、深刻な失敗事例とその要因について書いていきます。

深刻な失敗事例その1　「現地化」の落とし穴

海外ビジネス全般でよく言われるのは、「現地化」という言葉です。中国においても昔から「中国現地法人は現地化を進めるのが大切」ということがよく言われます。現地化というのはつまり、日本本社から派遣された日本人ではなく、現地社員にどんどん権限を委譲し、経営管理全般を現地に任せる、ということを意味します。これは経営者（中国で言うと「総経理」）を日本人から現地採用中国人にする、という場合もありますし、経営者より下の幹部、部長級や課長級の管理職を現地採用中国人に変えていく、という場合もあります。

日本企業の中国進出形態はいくつかありますが、「独資」と言われる、日本企業資本100％で現地法人を設立する場合、経営者・幹部はまず日本人を日本から派遣してスタートするケースが大半です。当初の立ち上げはまず、自社の事業をよく知っている日本人が現地に派遣され、経営者または幹部として組織体制を構築し、現地で中国人社員を採用して教育していく、こういった形を取ることが多くあります。

日本企業の現地法人A社も当初は日本人幹部が複数名本社から派遣され、中国人社員を採用して中国ビジネスを始めました。ある程度ビジネスが軌道に乗った頃、当時の現地法人トップが「当社は一気に現地化を進める」という方針を示し、各部門長の日本人幹部を一斉に帰任させ中国人社員のうち主だったメンバーを選定して部門長に昇格、交代させました。そして各部門の運営については、新任の中国人部門長に広い権限と裁量を持たせ、任せたのです。抜擢、登用された中国人社員たちは大いに喜び、会社の成長に貢献することを誓いました。

そして、…残念ながら、その現地法人の業績はその後、急速に悪化しました。驚いた日本本社が状況を確認したところ、様々な実態が明らかになりました。まず登用された各部門長が、与えられた権限に基づき、会社のルールを自身の都合の良いように大きく変更していました。会社の車と運転手を完全に私物化し、会社の交際費を使って、家族・親族とともに飲食・レジャーに明け暮れていました。自身の気に入った、意に沿う社員だけを重用し、少しでも逆らう社員は容赦なく辞めさせていました。重用された社員は幹部と同じように私用に交際費を浪費し、そうでない社員は辛い仕事を押し付けられ、場合によっては悪質ないじめに遭い、ほとんどが間もなく辞めていきました。つまり、「会社の私物化」が短期間で進行していたのです。

この会社はそのような実態に気付きましたが、気付いた時にはもう遅かったようです。その後、現地化の方針を撤回し、もう一度日本人を部門長として派遣し立て直すことを検討したようですが、既に心ある社員はほとんどが退職しており、残った社員たちは一度手に入れた権益を取り上げようとする本社に猛反発し、あの手この手で抵抗しました。結果として日本本社はこの現地法人の経営を断念し、会社清算を選択することとなりました。

誤解のないよう強調しますが、ここで言いたいのは、現地化をすべきではない、ということではありません。逆に、現地化は全ての中国事業においていずれは目指していくべき目標だと考えています。現地化が進み、現地採用中国人が昇格して社長に就任するようになれば、中国人社員のモチベーションは格段に上がるからです。また、中国が「世界の工場」から「世界の市場」とみなされるようになり、これからは販売・マーケティング機能を中国で強化したいと考える日本企業が増加しています。販売・マーケティングを考える上では、外国人である日本人ではどうしても限界があるのです。中国人の心情・感覚を知り尽くした中国人が経営してこそ、事業を成長させられる、そういう傾向が強まっているのです。

ここで申し上げたいのは、現地化は必要だけれど、何でも現地化すれば良いというものではない、という当たり前のことなのです。当たり前なのですが、時々忘れてしまう事実なのです。A社の事例の問題点は、現地化を進めたことではなく、現地化を進めるに当たって想定されるリスク、この場合は「コントロールがきかなくなるリスク」への対応が欠落してしまっていたことなのです。

極端な例としてA社の事例をみましたが、会社清算に至らないまでも、これに似た話は中国ビジネスでよく聞かれます。現地化が大事、と考えるあまり、権限委譲を性急に進め過ぎてしまい、適切な管理・統制ができなくなってしまうのです。A社の事例では、会社の私物化、という現象でしたが、

図表3-1　海外子会社経営失敗の２パターン

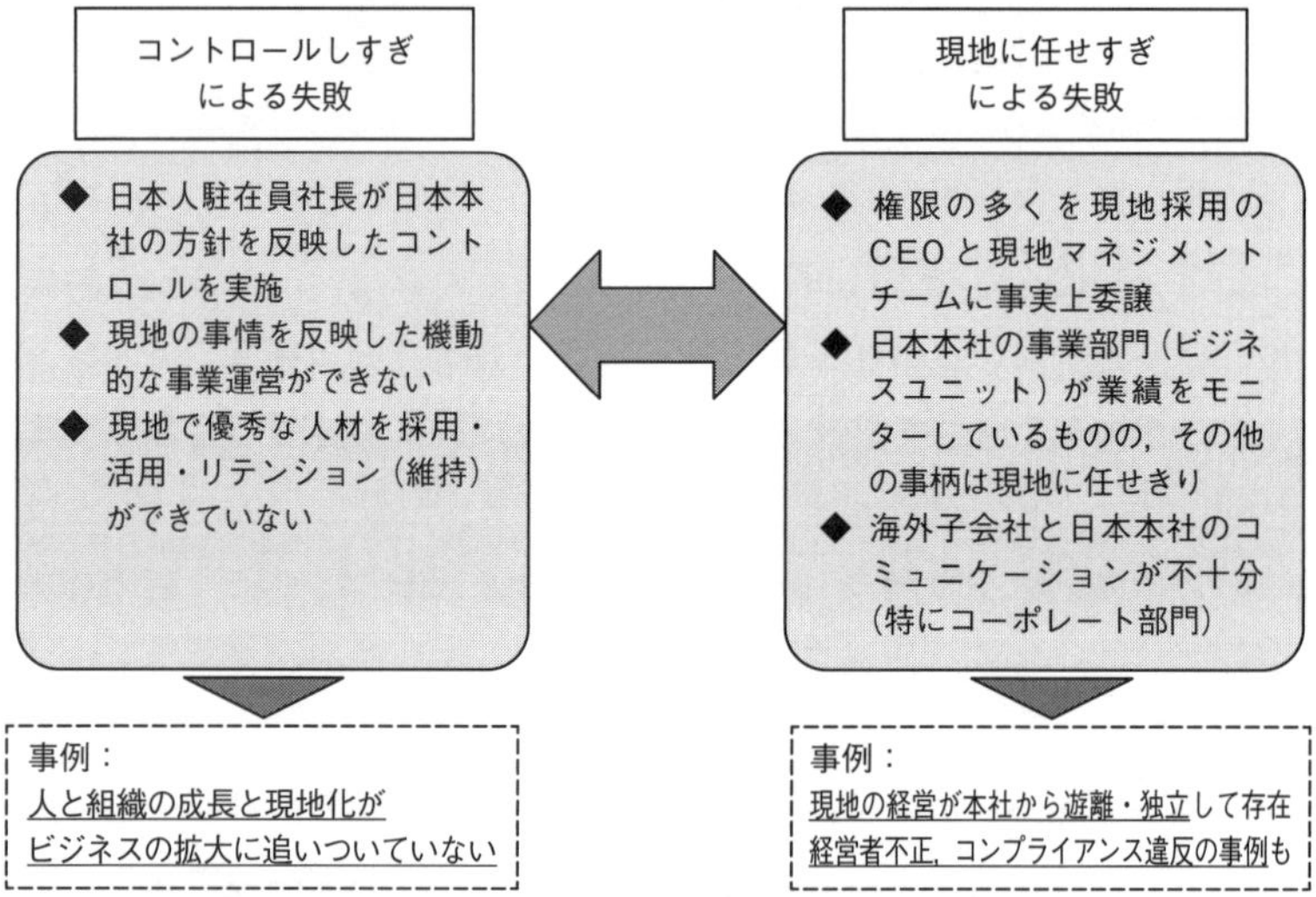
コントロールしすぎ
による失敗
◆ 日本人駐在員社長が日本本社の方針を反映したコントロールを実施
◆ 現地の事情を反映した機動的な事業運営ができない
◆ 現地で優秀な人材を採用・活用・リテンション（維持）ができていない
事例：
人と組織の成長と現地化が
ビジネスの拡大に追いついていない
現地に任せすぎ
による失敗
◆ 権限の多くを現地採用のCEOと現地マネジメントチームに事実上委譲
◆ 日本本社の事業部門（ビジネスユニット）が業績をモニターしているものの，その他の事柄は現地に任せきり
◆ 海外子会社と日本本社のコミュニケーションが不十分（特にコーポレート部門）
事例：
現地の経営が本社から遊離・独立して存在
経営者不正，コンプライアンス違反の事例も

出典：毛利正人『図解海外子会社マネジメント入門』より一部抜粋・改変

現地法人経営者の暴走、横領・着服や贈賄など深刻な不正行為の発覚などにつながるケースもあります（図表３－１）。

一般的に海外現地法人においては、権限委譲とコントロールのバランスが重要であると言われます。現地化即ち権限委譲は必要なのですが、必ず権限委譲とともに、コントロールの方法を考えておく必要があるのです。

深刻な失敗事例その２　合弁形態によるトラブル

中国進出日系企業において悩みの種となっているのは、法人の合弁形態に関するものです。中国の法律において海外企業の中国現地法人設立形態は主に、「合弁企業」「合作企業」「独資企業」の３タイプがあり、近年の日本企業の進出では「独資企業」、１００％日本企業出資で設立する形態が増えていますが、かつては「合弁企業」、すなわち中国企業と合同で出資し会社を設立する形態が数多くありました。合弁形態が多かった背景には、海外企業の法人設立に関する規制が厳しく、そもそも合弁形態しか認められない業種・事業が数多くあったことと、海外企業の投資制度が未整備で、法人設立や許認可取得などの手続きが地方政府ごとに統一されていないなど外国人にはわかりづらく、中国企業の協力なしではスムーズな法人設立がままならなかったことなどが挙げられます。

複数の会社や経営者が共同出資で会社を作ることは日本国内でもありますし、それほど珍しいことではないかも知れません。しかし日本人同士が日本で会社を作る場合と、日本企業と中国企業が中国で会社を作る場合では、大きく違う要素があります。それは、出資比率に関わらず、中国企業側が強力な実権を握る、ということです。

日本の大手製造業企業の現地法人B社は、合弁形態でした。日本企業が資本金の95%を出資し、５%だけ現地の有力国有企業が出資する形で現地法人を設立しました。社長（総経理）以下、製造や経営管理などの部門長は全員日本人で占め、国有企業からは1人だけ取締役（中国では「董事」）が派遣されていました。普通に考えれば、95%を出資していればほぼその会社を支配できる、と考えがちです。しかし社長の話を聞いたところ、「自分も最初はそう思っていた。５%出資の中国側企業、派遣されている取締役はお飾りのようなものだろうと。しかし実際は全然違ったのです」とのことでした。人の採用や設備の購入・転換など、様々な指示を出そうとすると、中国企業側が細かく介入してくるのだそうです。結局、かなり細かいことまで、全て中国企業側にお伺いを立てないと物事が進まない、ということに気付かされたそうです。

この会社は大規模な製造工場でしたので、広大な土地が必要でした。また当然ながら作業員として多くの社員を採用する必要があります。用地の確保、人の採用などは全て、パートナーである中国企業が紹介・手配してくれていたのです。また製品の出荷に係る通関手続きや物流関連も中国企業側のネットワークによってスムーズに運用できていました。こうした関係もあり、日本企業側は出資比率が低いからと言って中国企業側の意向をないがしろにできなかったのです。それにしても日本から最新鋭の製造設備を導入し、技術者の日本人を派遣して現地社員を教育・訓練したのは、日本企業側でした。それればかりか、せっかく教育した従業員が近隣の競合他社に転職した、増築工事を進めようとしたところ地元の住民が抗議行動を起こして工事を妨害したなど、トラブルが起きた場合は全て日本企業側で対応しなくてはならず、中国企業側はあまり助けてくれません。しかし経営に関する重要事項については、ほぼ対等、あるいはあたかも優位な立場であるかのように、強気に意向を押し付けてくるそうです。

類似の事例は、中国でよく耳にするものです。95％出資でもこのような状態なのですから、中国企業側との出資比率が拮抗しているケース（50：50とか60：40とか）や日本企業側の出資比率が少ないケース（30：70など）では言うまでもありません。出資比率が少ないケースで、日本人幹部を1人、合弁会社に派遣したものの、社内にそれなりに立派な個室を与えられ、その部屋から出ないよう中国人社員に監視され、会社に関する何の情報も与えず、経営に参画させないようにされた、といった話などもあります。

中国の合弁会社では、出資比率に関わらず、中国企業側が実権を握ることとなるのです。ちなみにB社はその後も経営が順調に推移し、大きなトラブルにはなりませんでした。日本企業側と中国企業側の利害が基本的に一致していたので、大きな対立に発展しなかったのです。しかし、市場環境の変化などにより経営が悪化する、または日本企業側と中国企業側の意向が大きく食い違うようになると、大変なトラブルになるケースも多くあります。２０１３年頃から、日本企業の中国における事業整理・縮小が増えましたが、多くのケースは合弁形態現地法人の見直し（合弁解消や会社清算）と言われています。

深刻な失敗事例その３　マーケティングの失敗

中国で売る、ということを考える上で、中国の消費者を知ることが非常に重要なのは明らかだと思います。しかし中国の消費者、消費行動を知る、というのは非常に難しいのです。まず中国では、日本ほど統計や市場調査などが整備されていません。現在は様々な情報が取れるようになってきていますが、それでも日本ほど、廉価に様々な統計が取れる環境にはありません。そもそも中国企業にはマーケティングとか市場調査という発想が長らくありませんでした。１９９３年に廃止されるまでは、食料品などの配給制度（国民には「糧票」という配給キップが配られていました）が40年以上存続しており、近代的な消費文化が普及し始めてまだせいぜい20数年ほどしか経っていないのです。また中国では、アンケート調査などの市場調査には厳しい規制があります。認可を持った公的機関等にのみ認められており、民間企業が気軽に調査をすることは様々な意味で法的リスクを抱えることとなります。

右記のような環境もあり、中国で販売を目指す企業は当初は手探りで販売ルートを開拓することを余儀なくされます。マーケティングが十分できない中、日本市場向け製品・サービスをほぼそのまま中国に持ち込んで大苦戦した事例が過去には多数あります。２０００年代前半までにほとんどの日本企業が撤退してしまった携帯電話事業や、２０１０年以降のサービス業、流通業などの撤退事例などが引き合いに出されます。

「群盲象を撫でる」ということわざがあります。ゾウを知らない目の不自由な人が初めてゾウを触ってみました。鼻を触った人は「ゾウというのは細長いものだ」、耳を触った人は「平たいものだ」、腹を触った人は「岩のように大きなものだ」と、同じゾウでも全く違う感想を持った、というものです。中国も同じで、国土が巨大で人口も日本の10倍、漢民族の他50以上の民族が共存し、地域によっても世代によっても性格や行動様式が大きく違います。このような中で「消費者を知る」ということは、言うは易く行うは非常に難しいのです。

(2)「チャイナリスク」の正体

チャイナリスクとは何か

チャイナリスク、という言葉は皆さんもよく耳にされるのではないでしょうか？　チャイナリスクに悩まされている日本企業が多い、だから中国ビジネスは難しい、といったことがよく言われます。一般的には「中国特有のリスク」という意味合いで使われる言葉と思われます。では具体的には何が「チャイナリスク」なのでしょうか?

例えばチャイナリスクという語の使用される例として、東京商工リサーチが定期的に発表している『「チャイナリスク」関連倒産』というものがあります。チャイナリスクの影響による企業倒産が増加

図表3-2　東京商工リサーチ「チャイナリスク」関連倒産集計基準

「チャイナリスク」関連の経営破綻は，破綻の原因が次の8項目のどれかに該当するものを集計している。 1. コスト高（人件費，製造コストの上昇，為替変動など） 2. 品質問題（不良品，歩留まりが悪い，模倣品，中国生産に対する不信など） 3. 労使問題（ストライキ，工場閉鎖，設備毀損・破棄など） 4. 売掛金等回収難（サイト延長含む） 5. 中国景気減速（株価低迷，中国国内の消費鈍化，インバウンドの落ち込みなど） 6. 反日問題（不買，取引の縮小，暴動など） 7. 価格競争（中国の在庫調整に伴う相場下落，安価製品との競合など） 8. その他

出典：東京商工リサーチHP

してきた、ということで、同社が２０１５年から発表を始めたもので、同社の集計基準は図表３‐２のとおりとなっています。

東京海上日動リスクコンサルティングでは過去に、在中国の日系現地法人等を対象としたリスクマネジメントに関するアンケートを行っています。「チャイナリスク」という言葉は使用していませんが、中国事業において特に心配されているリスクを聞いたものです（図表３‐３）。

チャイナリスクは本当に中国特有か

中国でビジネスを行う上でのリスクとしては、これらの例にみられるような項目が挙がります。ここで改めて確認していただきたいのは、これらは、本当に中国にしかないリスクなのか、という点です。チャイナリスク＝中国特有のリスク、と先に書きました。本当にこれらは中国特有なのでしょうか？

先ほどの東京商工リサーチ「チャイナリスク」関連倒産集計基準の８項目をもう一度みてください。これらは例えば、タイやインドネシアにはないのでしょうか？　コスト高、品質問題

図表3-3　中国事業におけるリスク（単位：件）

拠点として特に重視しているリスクは何ですか?
：n=170（5つまで複数回答）

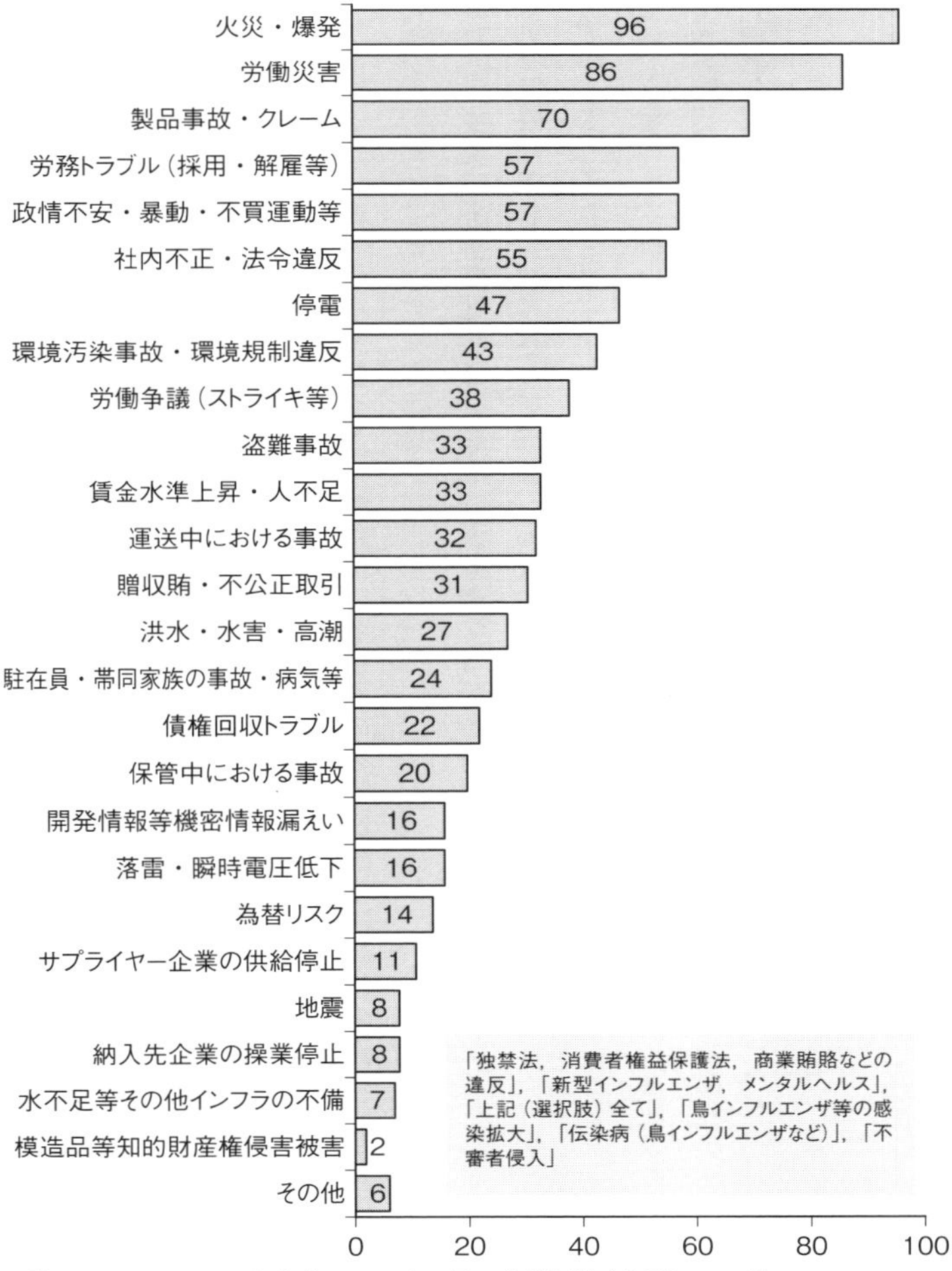

注：WEBアンケート方式、2014年7月　有効回答（中国）：170件
出典：東京海上日動リスクコンサルティング「海外拠点リスクマネジメント動向調査」

はタイやインドネシアなどのような新興国では共通に起き得ます。東南アジアでも人件費はどんどん上昇していますし、タイやインドネシアの製造工場でもやはり品質管理は難しい課題となっています。労使問題は、タイでもインドネシアでも深刻な問題です。インドネシアでは大規模なデモやサボタージュ（職場放棄）の事例などもみられます。売掛金等回収難、景気減速、価格競争など、いずれも新興国であれば必ずついて回るリスク要因と言えます。反日問題はタイ・インドネシアではあまりみられず、中国特有と言えるかも知れませんが、韓国など中国以外の国でも起き得る要因ではありますす。こうしてみると、チャイナリスクと言われている要因の多くは、中国以外の新興国・途上国でも発生しうるものであることがみえてきます。

もちろん、共産党一党独裁体制で、政府の方針や法令が短期間で頻繁に変更・改定される、近年散見されるように外国人をスパイ容疑で逮捕・拘束するといった事例など、中国特有と言えそうな要因もあります。しかしこれらも、中国以外の海外を広くみてみると、決して中国特有ではないことがわかります。ベトナムも中国と同様、共産党一党独裁体制ですし、政策や法令が急に変更されて企業経営が影響を受ける事例は、インドなど民主主義体制の国でも決して珍しいことではありません。外国人をスパイ容疑など現地法令に基づいて逮捕・拘束する事例は、例えばサウジアラビアの宗教警察による逮捕やタイの不敬罪摘発などがあり、これも中国特有ではありません。

なぜ「特有」と思い込んできたか

こう考えると、本当の意味で中国特有の、中国にしかないリスク、というのはほとんど存在しないことがわかります。にもかかわらず多くの人が「チャイナリスク」「中国リスク」という言葉を使うのはなぜなのでしょうか？

1つの要因として推測されるのは、中国ビジネス専門の研究者、評論家、コンサルタントの多くが、実は海外ビジネスは中国しか知らない、という点だと思います。これまで進出ブームなどもあり、日本企業が最も多く進出したのが中国である、と述べました。外務省の統計でみると、日系企業総数は、中国約3・2万に対して、米国約9千、タイ約4千と大きな差があるのです。これだけ多くの企業が、それも大企業だけではなく中堅・中小企業まで幅広い層の日本企業が進出した例はこれまではなかったのです。当時、中国の大都市、北京、上海、広州などでは、日本企業の中国進出を支援する様々なビジネスが活況を呈しました。法律事務所、税務・会計事務所、コンサルティング会社などです。それらの中にはグローバルなネットワークを持つ事務所・会社も多数ありますが、中国だけを専門に支援する事務所も多数あります。その中には、海外ビジネスに元々あまり経験がない事務所も多かったのです。しかし多くの企業が中国に進出した結果、多くの企業が様々な、実に多種多様なトラブルに直面し、その解決をこれらの事務所・会社に求めることになりました。結果として、多様なリスクへの対処方法に関するノウハウ・知見が、企業およびこれらの事務所などに蓄積されたのではなす。そのような中でこうしたトラブルの要因が「チャイナリスク」と呼ばれるようになったのではないかと考えます。他の海外は知らないけれども、日本国内には間違いなく存在しないリスク、中国ビジネスに取り組んで初めて直面したリスクという意味合いで「チャイナリスク」と呼ばれ始めたのではないでしょうか？

だからこそ「チャイナリスク」は、実は中国特有ではなく、他の海外ビジネスにも共通するものがほとんどなのです。これは日本企業にとって非常に重要な朗報になると思います。なぜなら、中国ビジネスに多数の企業が取り組み、身をもってトラブルを体験し研究してきた様々なリスクへの対処法が、実は中国以外の海外ビジネスにも応用できるかも知れないことを意味しているからです。

これからの日本企業に求められるのは、これまであまり深く考えずに「特殊だ」と思い込んできた中国のリスク要因の、他の国のビジネスとの共通点を認識し、中国で蓄積した様々なリスク対処に関するノウハウ・知見を、他の国でのビジネスにも活かしていくことなのではないかと強く思います。

2　中国のビジネス通信簿を作る

(1)　正確かつ客観的な国際比較の重要性

中国しか知らないがゆえの「中国特殊」論

前節では、中国特有のリスクというのはほとんどないこと、コンサルタントなど中国ビジネスの専門家は実は中国しか知らない人が多い、という話をしました。同様のことは中国駐在員にも当てはまります。大手企業であっても、中国駐在員は「中国が初めての海外」という人が多くみられます。もちろん海外各国を渡り歩いて、現在はたまたま中国にいる、という海外経験豊富な人もいます。しかし例えば、ある会社では中国現地法人の日本人駐在員が10人いて、社長以外の駐在員はほとんどが、中国が初めての海外勤務です。駐在員はそれぞれ内部管理、財務、生産管理、技術、販売など各部門の責任者を務めており、それぞれ日本の人事総務部門、財務部門など、国内の関連部門から派遣されてきています。

中国が初めての海外の場合、赴任当初に様々なトラブルや日本とのギャップを体験します。例えば、中国人社員が言うことを素直に聞いてくれない、指示どおりに仕事をしてくれない、反抗的だ、ということでストレスを感じることがあります。日本だったら上位者や年上の先輩にこういう態度を取るのはあり得ない、と感じると「だから中国人は」と思い、中国特有のやりづらさだ、と感じます。多くの中国駐在員は、目の前の仕事をこなすので精一杯なので、他国ではどうなんだろうか、ということはあまり考えません。自身が以前いた日本の職場と、中国の職場の違いにばかり目が行き、中国は特殊だ、と考えがちです。しかしこれは、中国しか知らないがゆえの「中国特殊」論なのです。

客観的に難しさを評価するには、国際比較が必要

中国駐在員の立場であれば、日本と中国の違い以外、あまり興味はないかも知れません。しかし、経営者の立場、例えば「どの国で海外ビジネスを始めるのが自社にとって最も適切か」などを考えなくてはいけない立場の場合、できるだけ客観的に中国ビジネスの難しさを評価し、理解する必要があります。そのためには、できるだけ客観的な目で国際比較をすることが必要となります。

本節では、「中国のビジネス通信簿」として、ビジネスを行う場としての中国を、海外の他の国々と比較してみようと思います。比較する項目としては、所得水準、ビジネス競争力、安全度、カントリーリスク、汚職・腐敗の蔓延度、報道自由度、治安管理レベルとしました。これらの項目において、中国が世界の中でどの程度の位置付けにあるのかを、一緒にみていきたいと思います。

(2) 所得水準の国際比較

所得水準：1人あたり名目GDP

最初の項目は「所得水準」としました。中国が世界一の人口規模と世界2位の経済規模（名目GDP）を誇るのはよくご存知かと思います。一方よく言われるのは「1人あたりGDPではまだ日本には遠く及ばない」ということです。実際に1人あたり名目GDPのランキングをみると、2017年現在中国は76位、8643ドルで、日本（25位、3万8448ドル）の四分の一以下という水準です。

1人あたり名目GDPは単純にその国の名目GDP総額を人口で割ったもので、一般的にその国の国民全体の平均的な所得水準を示す指標とされます。過去の各国の経済成長推移から、大体1人あたりGDPが3000ドルを超えると生活に最低限必要な衣食住が充足されるようになり、マイカーなどの消費市場が急拡大すると言われています。また、「中所得国の罠」という現象が指摘されており、大体1人あたりGDPが1万ドルを超える前後で経済成長が急減速し、低成長に陥る国が多いと言われています。中国は既に2008年に3000ドルを超え、1万ドルに手が届こうとしている、そういう段階にあります。日本の1人あたりGDPが1万ドルを初めて超えたのは1981年です。当時の日本経済は成長率が3～4%台で推移しており、5年後の1986年頃からは経済成長に加えて株式や不動産などの資産価格が急騰する「バブル景気」が始まりやがてバブル崩壊に至りました。

図表３-４　主要国・地域の１人あたり名目GDPランキング

順位	国・地域名	１人あたりGDP
1	ルクセンブルク	105,863.23
2	スイス	80,637.38
…		
7	カタール	61,024.77
8	米国	59,792.01
9	シンガポール	57,713.34
10	デンマーク	56,630.60
11	オーストラリア	55,692.73
12	スウェーデン	52,925.13
13	オランダ	48,555.35
…		
15	オーストリア	47,347.44
…		
17	フィンランド	45,927.49
18	カナダ	45,094.61
19	ドイツ	44,769.22
20	ベルギー	43,488.49
21	ニュージーランド	41,572.27
…		
23	フランス	39,932.69
24	英国	39,800.27
25	日本	38,448.57
26	アラブ首長国連邦	37,732.66
…		
28	イタリア	31,996.98
…		
30	韓国	29,938.45
31	スペイン	28,358.81
…		
38	台湾	24,292.09
…		
41	サウジアラビア	21,096.44
42	チェコ	20,401.58
…		
57	チリ	15,067.72
…		
59	アルゼンチン	14,462.92
60	ハンガリー	14,209.44
61	ポーランド	13,821.23
…		
66	ロシア	10,955.79
…		
68	トルコ	10,537.19
…		
71	ブラジル	9,898.77
72	マレーシア	9,755.18
…		
74	メキシコ	9,318.82
…		
76	中国	8,643.11
…		
88	タイ	6,590.64
…		
91	南アフリカ	6,179.87
…		
95	パラグアイ	5,600.09
…		
119	インドネシア	3,875.77
…		
123	モンゴル	3,639.89
…		
131	フィリピン	2,988.90
…		
135	ラオス	2,540.84
136	エジプト	2,495.02
…		
138	ベトナム	2,353.36
…		
145	インド	1,976.09
…		
151	バングラデシュ	1,602.56
…		
156	カンボジア	1,379.34
…		
159	ミャンマー	1,278.07
…		

（2017年，単位：USドル）

出典：IMF“World　Economic　Outlook　Database”（2018年10月版）

図表3-5 日本と中国の１人あたり名目GDPの推移

（単位：USドル）

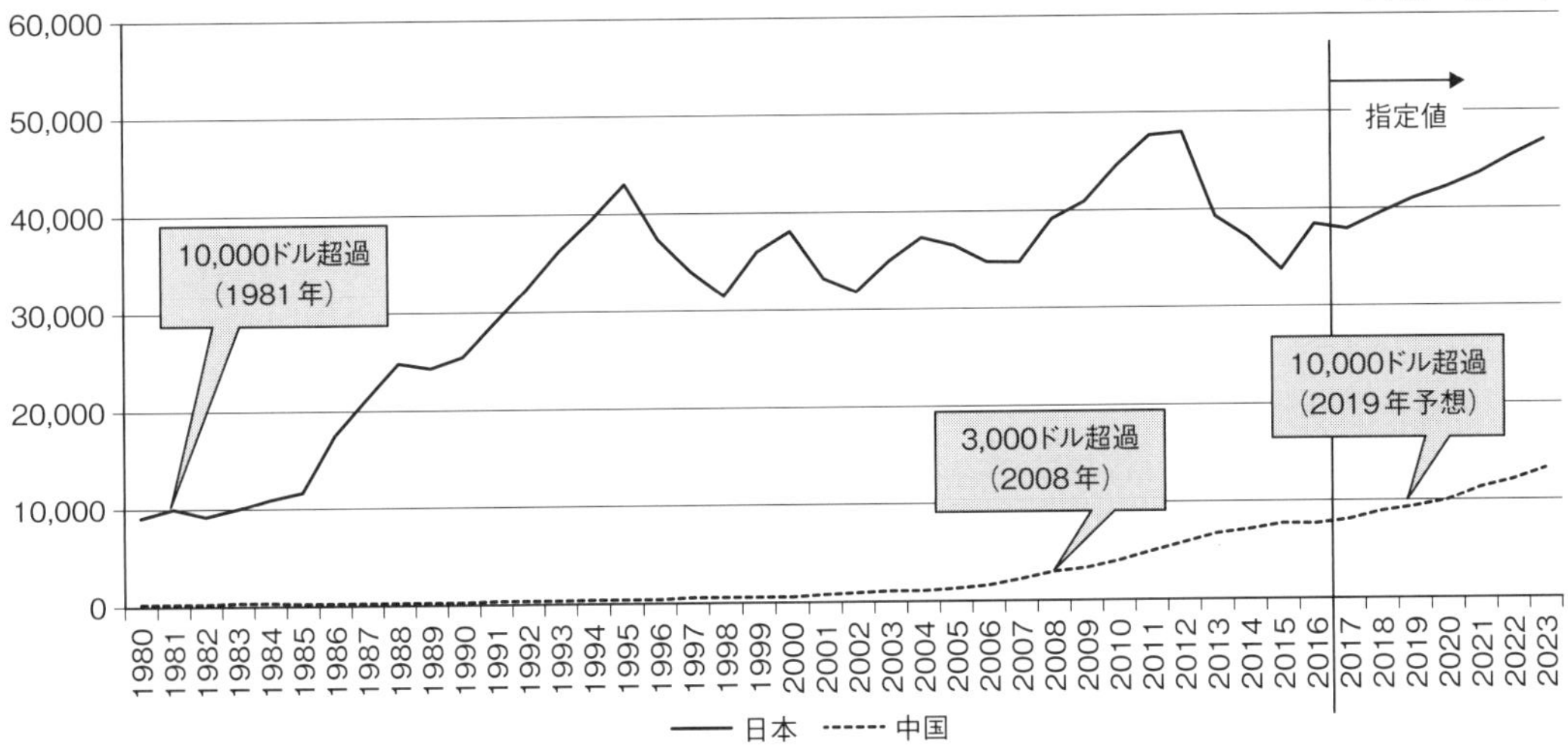

出典：IMF “World Economic Outlook Database”（2018年10月版） ※2017年以降は推定値

なお、中国の所得水準を考える上では、中国国内の所得格差、特に開発が進む沿海部と相対的に開発が遅れている内陸部との経済格差を考慮することが非常に重要です。2012年に英国のエコノミスト誌が発表した数値では、上海市の1人あたりGDPは1万8827ドル、一方、内陸部、貴州省の1人あたりGDPは1953ドルでした。5倍以上の格差があるのです。上海市では既に「中所得国の罠」に陥る1万ドルを超えてしまっている一方、貴州省ではまだ「最低限必要な衣食住が充足される」3000ドルさえ超えていないのです。

さらに中国には経済規模が1つの国を超える省や直轄市が多くあることも注目すべきです。最大規模の広東省などは、GDPが1兆3315億ドルに達し、スペイン1国の経済規模（1兆3140億ドル）を超えています。中国国内10位の福建省でも4785億ドルでタイ1国の経済規模（4554億ドル）を上回っています。

(3) 国際競争力比較

世界経済フォーラム「グローバル競争力報告書」

スイスのダボスで毎年1月に「ダボス会議」を開催することで有名な「世界経済フォーラム」（World Economic Forum：WEF）は、年次総会に先立って「グローバル競争力報告書」（The Global Competitiveness Report）を毎年発表しています。同報告書は世界の主要国の「国際競争力」につ

図表3-6　グローバル競争力報告書における評価項目

1. 制度（組織犯罪，自殺率，警察組織の信頼性，司法の独立性，報道の自由度など）
2. インフラストラクチャー（航空・鉄道等交通網整備，電化率，飲料水の安全など）
3. ICTの導入（携帯電話，広域帯通信，インターネット普及率など）
4. マクロ経済の安定性（インフレ率，債務比率）
5. 健康増進（予想健康寿命）
6. 技能（教育の質，労働者の訓練，デジタル技能，技能労働者求人の容易性など）
7. 製品市場（競争への干渉，市場支配の度合い，非関税障壁，サービス競争など）
8. 労働市場（雇用慣行，労使の協力関係，賃金決定の柔軟性など）
9. 金融システム（民間債務比率，VCの可用性，金融機関の健全性など）
10. 市場規模（購買力平価GDP，輸入額）
11. ビジネスの力強さ（起業コスト，起業リスクへの姿勢など）
12. イノベーション能力（労働者の多様性，研究開発支出，研究機関の質など）

いて12の項目に渡って評価しています（図表3-6～8）。

２０１８年10月に発表された２０１８年版報告書では、中国は、１４０ヶ国中28位、という評価でした。日本は5位です。日系企業総数が、中国（3万２３４９拠点）に次いで多いインド（４８０５拠点）は58位、タイ（３９２５拠点）は38位でした。個々の項目ごとの評価の優劣はあるものの、中国は、インド、タイと比較して総合的に高い評価を得ています。

(4) 渡航する国・地域としての安全性

外務省「海外安全情報―危険情報」

日本人が渡航する国・地域としての安全性（政情の安定性や犯罪・テロなどに遭遇する可能性）をみる指標としては、日本外務省が発表する「海外安全情報」が参考になります。

外務省では渡航・滞在にあたって特に注意が必要と考えられる国・地域には「危険情報」を発出し、日本人に対し注意を

図表3-7　グローバル競争力ランキング(2018年)

No.	国・地域名	順位(140ヶ国中)	No.	国・地域名	順位(140ヶ国中)
1	米国	1	23	カタール	30
2	シンガポール	2	24	イタリア	31
3	ドイツ	3	25	チリ	33
4	スイス	4	26	ポーランド	37
5	日本	5	27	タイ	38
6	オランダ	6	28	サウジアラビア	39
7	英国	8	29	ロシア	43
8	スウェーデン	9	30	インドネシア	45
9	フィンランド	11	31	メキシコ	46
10	カナダ	12	32	ハンガリー	48
11	台湾	13	33	フィリピン	56
12	オーストラリア	14	34	インド	58
13	韓国	15	35	トルコ	61
14	フランス	17	36	南アフリカ	67
15	ニュージーランド	18	37	ブラジル	72
16	ベルギー	21	38	ベトナム	77
17	オーストリア	22	39	アルゼンチン	81
18	マレーシア	25	40	パラグアイ	95
19	スペイン	26	41	モンゴル	99
20	アラブ首長国連邦	27	42	バングラデシュ	103
21	中国	28	43	カンボジア	110
22	チェコ	29	44	ラオス	112

出典：WEF "The Global Competitiveness Report 2018" より抜粋

図表3-8　グローバル競争力報告書(2018年)における評価

評価項目	日本	中国	インド	タイ
総評	82	73	62	68
1. 制度	71	55	58	55
2. インフラ	91	78	69	70
3. ICT導入	87	71	28	57
4. マクロ経済	94	98	90	90
5. 健康	100	87	59	87
6. 技能	74	64	54	63
7. 製品市場	73	57	51	53
8. 労働市場	71	59	58	63
9. 金融システム	86	72	70	84
10. 市場規模	87	100	93	75
11. ビジネスの力強さ	76	65	61	71
12. イノベーション能力	79	64	54	42

出典：WEF" The Global Competitiveness Report 2018" より抜粋

図表3-9　外務省「危険情報」発出状況

出典：外務省「海外安全ホームページ」より（2019年9月5日閲覧）

図表3-10　「危険情報」カテゴリーの説明

レベル1：十分注意してください．	その国・地域への渡航，滞在に当たって危険を避けていただくため特別な注意が必要です．
レベル2：不要不急の渡航は止めてください．	その国・地域への不要不急の渡航は止めてください．渡航する場合には特別な注意を払うとともに，十分な安全対策をとってください．
レベル3：渡航は止めてください．（渡航中止勧告）	その国・地域への渡航は，どのような目的であれ止めてください．（場合によっては，現地に滞在している日本人の方々に対して退避の可能性や準備を促すメッセージを含むことがあります．）
レベル4：退避してください．渡航は止めてください．（退避勧告）	その国・地域に滞在している方は滞在地から，安全な国・地域へ退避してください．この状況では，当然のことながら，どのような目的であれ新たな渡航は止めてください．

出典：外務省「海外安全ホームページ」より

喚起しています（図表3-9・10）。

中国においては、２０１９年3月現在、内陸部の新疆ウイグル自治区、チベット自治区のみ、「レベル１：十分注意してください」の危険情報が発出されています。その他の地域には危険情報は発出されていません（図表3-11）。

(5)　カントリーリスク

カントリーリスク評価

現地に投資を行う、または現地政府や現地企業と商取引を行う際の中長期的なリスクを評価したものとして、「カントリーリスク評価」があります。

カントリーリスクとは、「海外の投融資や貿易を行う際、個別事業・取引の相手方がもつリスクとは別に、相手国・地域の政治・社会・経済等の環境変化に起因して、当初見込んでいた収益を損なう、又は予期せず損失が発生す

図表3-11　中国「危険情報」発出状況

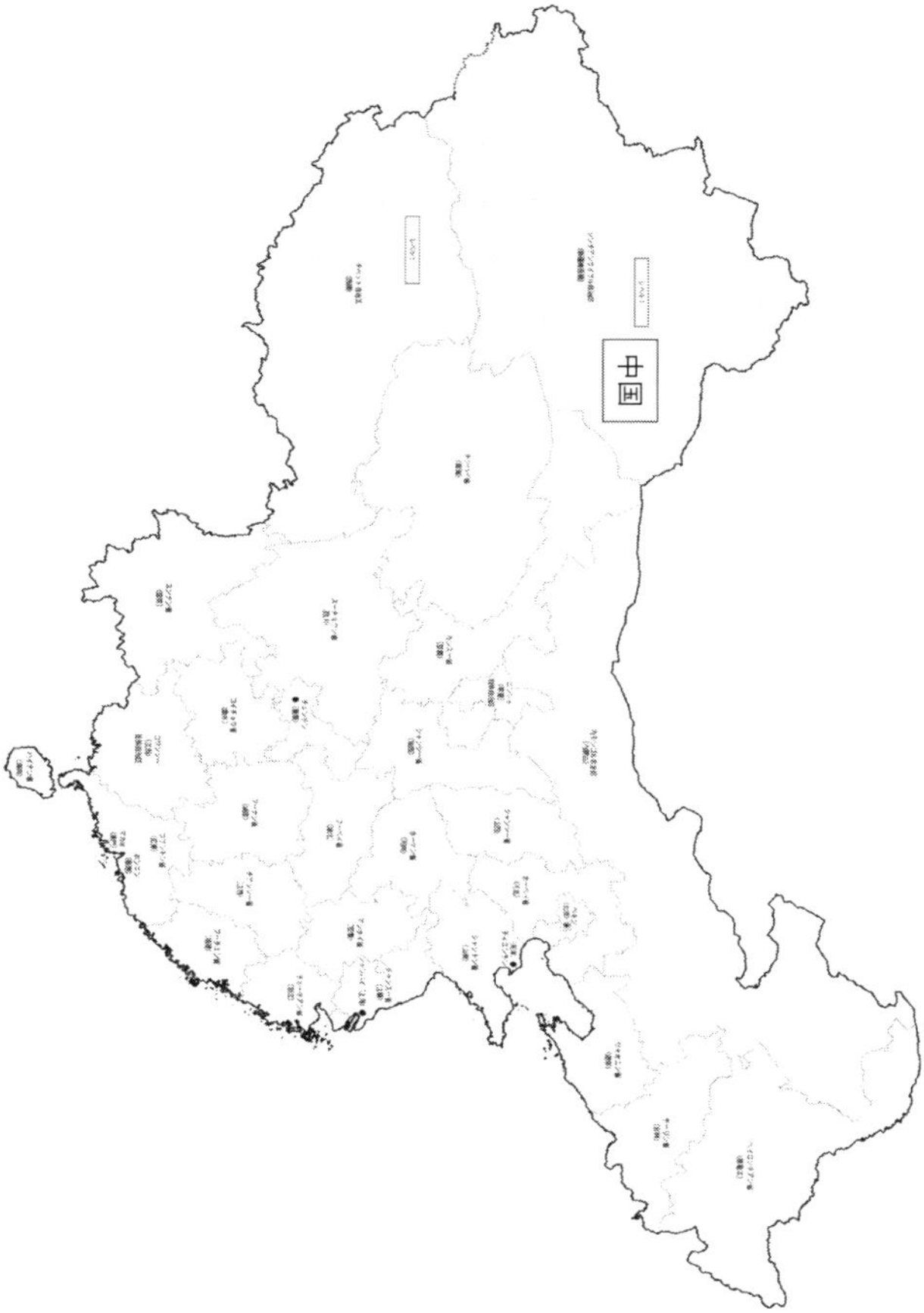

出典：外務省「海外安全ホームページ」より（2019年9月5日閲覧）

図表3-12　カントリーリスク総合評価ランキング（2019年１月調査）

順位	国・地域名	評点	順位	国・地域名	評点
1	カナダ	10.0	30	サウジアラビア	7.1
1	フランス	10.0	30	カタール	7.1
1	ドイツ	10.0	33	スペイン	6.7
1	オランダ	10.0	40	インド	6.4
1	スウェーデン	10.0	43	中国	6.3
1	シンガポール	10.0	43	インドネシア	6.3
1	米国	10.0	43	タイ	6.3
9	オーストラリア	9.8	48	フィリピン	6.1
9	ニュージーランド	9.8	48	ベトナム	6.1
9	ベルギー	9.8	50	ハンガリー	6.0
9	フィンランド	9.8	50	ブラジル	6.0
14	オーストリア	9.6	55	南アフリカ	5.8
15	英国	9.0	56	ロシア	5.7
16	チリ	8.2	57	パラグアイ	5.6
19	台湾	7.8	65	バングラデシュ	4.5
19	ポーランド	7.8	65	トルコ	4.5
19	アラブ首長国連邦	7.8	71	アルゼンチン	4.3
19	チェコ	7.8	71	ミャンマー	4.3
25	メキシコ	7.7	71	カンボジア	4.3
26	韓国	7.5	77	ラオス	4.2
27	マレーシア	7.4	77	モンゴル	4.2
28	イタリア	7.3			

出典：（株）格付投資情報センター「R&Iカントリーリスク調査」（2019-春号）より一部抜粋（評点が高いほど，リスクが低い）

る危険」等と定義されます。代表的なカントリーリスク評価としては、（株）格付投資情報センター「R&Iカントリーリスク調査」等があります。同調査では、同センターおよび外部各分野の専門家の判断を基に、各国のカントリーリスクを定期的に評価し、公表しています。

２０１９年１月調査において、中国は、評点６・３で、１００ヶ国・地域中43位となっています。

２０１６年10月、一部の報道で、中国当局が当時進んでいた外貨流出を防ぐべく、企業等による外貨送金等を制限するよう、銀行に窓口指導を行っている、との情報が流れました。中国当局は即座に報道を否定しましたが、その後、当局が銀行の窓口指導を通じて、外貨送金に対する規制を一時的に強化していたらしいことがわかりました。私たちの会社でも、あるお客様の中国現地法人から「代金の送金ができない」との連絡が突然あり、担当者が代金回収に数ヶ月間、苦労したケースがありました。このような不透明な送金の規制なども、カントリーリスクの1つとされます。

(6) 汚職・腐敗蔓延度

腐敗認識指数（CPI）

世界の新興国・途上国では、政治家・公務員の腐敗・汚職が蔓延している国が少なくありません。腐敗・汚職が蔓延している国では、空港の税関の係官から不透明な金銭支払いを要求され、支払わないと通さないと言われる、警察官から突然不当な罰金の支払いを要求されるなどの事態が発生します。さらにそれだけではなく、そのような国は政府機関・治安機関の信頼性が低い場合もみられ、警察などの治安機関が犯罪に加担するなどの事例もみられ、注意が必要です。

この観点で、駐在員・出張者等が赴任・渡航する国が、腐敗・汚職問題が深刻な国かどうか、把握しておくことも大変重要です。

汚職・腐敗を防止する目的で国際的に活動する非政府組織（NGO）、トランスペアレンシー・インターナショナル（Transparency International：TI、本部：ベルリン）は世界各国政府の汚職蔓延度ランキングである「腐敗認識指数」（Corruption Perception Index：CPI）を毎年発表しています。この腐敗認識指数は、同様の調査では最も信頼できるものの１つとされており、各国の公務員と政治家がどの程度腐敗していると認識されるのかを11の専門機関が実施した13種類のアンケート調査等の結果を統計処理し、算出しています。各国・地域の腐敗認識の度合いを、１００（最も清廉）～０（最も腐敗）のスコアで表示し、全１８０ヶ国についてランキングを作成しています（図表3-13）。

日本は全１８０ヶ国中18位で、上位には欧州等の先進国が並んでいます。一方、中国は87位で、インドは78位、タイは99位となっています。中国は一般的に、贈収賄などの汚職行為が蔓延している、というイメージがありますが、アジアの国々では、インドネシア、フィリピン、タイ、ベトナムなどは、いずれも中国よりも汚職・腐敗に関する状況が深刻であると評価されています。インドネシアに進出している日系企業から以前聞いたところによると、インドネシアの民事裁判では直前に裁判官が原告側・被告側双方に電話を掛け、「お前はいくら払う？」と堂々と聞いてくるそうです。

(7)　報道自由度

世界報道自由度ランキング

ジャーナリストらが組織しフランス・パリに本部を置くＮＧＯ「国境なき記者団」（ＲＳＦ）は毎

図表3-13　腐敗認識指数（2018年）全180ヶ国

順位	国・地域名	スコア	地域区分
1	デンマーク	88	欧州
2	ニュージーランド	87	アジア・大洋州
3	フィンランド	85	欧州
3	シンガポール	85	アジア・大洋州
3	スウェーデン	85	欧州
3	スイス	85	欧州
8	オランダ	82	欧州
9	カナダ	81	米州
11	ドイツ	80	欧州
11	英国	80	欧州
13	オーストラリア	77	アジア・大洋州
14	オーストリア	76	欧州
17	ベルギー	75	欧州
18	日本	73	アジア・大洋州
21	フランス	72	欧州
22	米国	71	米州
23	アラブ首長国連邦	70	中東・北アフリカ
27	チリ	67	米州
31	台湾	63	アジア・大洋州
33	カタール	62	中東・北アフリカ
36	ポーランド	60	欧州
38	チェコ	59	欧州
41	スペイン	58	欧州
45	韓国	57	アジア・大洋州
53	イタリア	52	欧州
58	サウジアラビア	49	中東・北アフリカ
61	マレーシア	47	アジア・大洋州
64	ハンガリー	46	欧州
73	南アフリカ	43	サブサハラアフリカ
78	インド	41	アジア・大洋州
78	トルコ	41	ヨーロッパ・中央アジア
85	アルゼンチン	40	米州
87	中国	39	アジア・大洋州
89	インドネシア	38	アジア・大洋州
93	モンゴル	37	アジア・大洋州
99	フィリピン	36	アジア・大洋州
99	タイ	36	アジア・大洋州
105	ブラジル	35	米州
117	ベトナム	33	アジア・大洋州
132	ラオス	29	アジア・大洋州
132	ミャンマー	29	アジア・大洋州
132	パラグアイ	29	米州
138	メキシコ	28	米州
138	ロシア	28	ヨーロッパ・中央アジア
149	バングラデシュ	26	アジア・大洋州
161	カンボジア	20	アジア・大洋州

注：スコアが低いほど，腐敗が蔓延している

出典：Transparency International “Corruption Perceptions Index 2017” より抜粋

図表3-14　世界報道自由度ランキング（2018年）全180ヶ国

順位	国・地域名	スコア	順位	国・地域名	スコア
2	スウェーデン	8.31	71	モンゴル	29.05
3	オランダ	10.01	73	ハンガリー	29.11
4	フィンランド	10.26	102	ブラジル	31.2
5	スイス	11.27	107	パラグアイ	32.32
7	ベルギー	13.16	124	インドネシア	39.68
8	ニュージーランド	13.62	125	カタール	40.16
11	オーストリア	14.04	128	アラブ首長国連邦	40.86
15	ドイツ	14.39	133	フィリピン	42.53
18	カナダ	15.28	137	ミャンマー	43.15
19	オーストラリア	15.46	138	インド	43.24
28	南アフリカ	20.39	140	タイ	44.31
31	スペイン	20.51	142	カンボジア	45.9
33	フランス	21.87	145	マレーシア	47.41
34	チェコ	21.89	146	バングラデシュ	48.62
38	チリ	22.69	147	メキシコ	48.91
40	英国	23.25	148	ロシア	49.96
42	台湾	23.36	151	シンガポール	50.95
43	韓国	23.51	157	トルコ	53.5
45	米国	23.73	169	サウジアラビア	63.13
46	イタリア	24.12	170	ラオス	66.41
52	アルゼンチン	26.05	175	ベトナム	75.05
58	ポーランド	26.59	176	中国	78.29
67	日本	28.64			

注：スコアが高いほど報道自由度が低い
出典：RSF "2018 World Press Freedom Index" より抜粋

年、「世界報道自由度ランキング」を発表しています（図表3－14）。いわゆる「自由な報道」が行える環境があるかどうかを、ジャーナリストの立場から多角的に評価し、評点をつけたものです。日本は全180ヶ国中67位ですが、中国はほとんど最下位に近く176位となっています。インドは138位、タイは140位でそれほど高い順位とは言えませんが、その中でも中国が突出して低い評価となっています。

「自由な報道」が行えないことはどのように問題か

自由な報道が行えない、報道統制を行っている国・地域ではどのような問題があるでしょうか？まず報道統制を行っている国・地域では、政府当局の意向に沿わない報道は禁止・制限されます。特に中国では、政府機関が新聞社などの報道機関に対して、治安や民衆の不安を掻き立てる報道を行わないよう頻繁に詳細な「指導」を行っており、結果として悲惨な殺人事件等の凶悪犯罪が一切報道されないことがよくあるようです。また中国政府は、民衆による地方政府機関への抗議や暴動を体制に対する脅威とみなす観点から、特にそのような事件を報道させない傾向があります。このような報道統制は、国民の「知る権利」という観点からはあってはならない行為ですが、このような国・地域の駐在員・出張者等は、安全を脅かす犯罪や暴動等が付近で発生していても知ることができない、ということとなり、その観点で非常に問題があると言えます。

また、このように報道統制が行われている国では一般的に民衆が政府の広報や報道機関を信用していないため、うわさ・口コミが重視される傾向にあります。結果として、何か大きな事件、例えば感染症の蔓延等が発生すると、他の国以上に非常に多くのデマ・風評が飛び交うこととなります。このような傾向は、ともするとパニックや急激な治安悪化などにつながる恐れがあります。

(8) 中国のビジネス通信簿――二国間の隔たり分析の重要性

二国間の隔たり分析が重要

ここまで、中国ビジネスの難しさを客観的に評価するため、様々な指標で中国とその他の国々を比較してきました。これらをまとめて、日本人・日本企業にとって中国ビジネスがどの程度難しいかを評価する通信簿を作る前に、重要な視点を指摘しておきます。

一般的に企業が海外の特定国へ進出する際、それがどの程度難しいかを決定するのは、その国のビジネス環境の優劣だけではないようです。例えば、米国企業が中国へ進出するのと、日本企業が中国へ進出するのは、難しさが違います。それは同じ中国でも、米国対中国の「隔たり」の大きさと、日本対中国の「隔たり」の大きさは異なるからです。第2章でご紹介したゲマワット教授は、二国間の隔たりがビジネスに大きな影響をもたらす例として、世界最大の小売企業である米国ウォルマート社の海外売上の国別比較を示しています。2004年と古い分析ですが、当時、同社が順調に利益を得ていたのは、米国と距離が近く、文化や制度が似通っている国ばかりでした。同社の海外事業で最も多くの利益を上げていたのはメキシコ、カナダ、プエルトリコでいずれも、米国の同社本社から5000km以内にありました。距離が5000kmを超える国々では、英国が唯一利益を上げた以外は、ブラジル、アルゼンチン、ドイツ、韓国、中国といずれも赤字でした。さらにあの、米グーグル社でさえ、ロシア市場の開拓には大変苦戦したそうです。ロシア語が言語としての構造があまりに英語と異なること、さらには決済システムの未整備など、制度面

図表3-15　日本と中国の隔たり（「大きい・中程度・小さい」の３段階）

	文化的	制度的	地理的	経済的
隔たり	小さい	中程度	小さい	中程度
類似点	・漢字が共通（ただし読み方や表記など厳密には同じではない） ・民族的に類似性がある ・歴史的には交流がある ・宗教観は類似している面もある	・日系企業拠点総数が最大 ・インバウンドの増加による交流機会が増加している	・地理的には近い (例) 東京からの距離（およそ） 北京　2,000km 上海　1,700km 広州　2,900km 成都　3,300km ・時差　1時間 ・気候も似ている	・都市部富裕層は日本の平均的所得水準に近いか上回っている ・消費生活や嗜好が似てきている
相違点	・言語は異なる ・価値観，習慣，気質では異なる点が多い	・政治体制，法令，制度など異なる点が多い ・歴史認識問題など	・地形的特徴は大きく異なる（大陸と島国）	・1人あたりGDPはまだ差異が大きい

出典：筆者作成

の違いが大きいことがいずれも障害となり、現地企業との競争になかなか優位性を発揮できなかったそうです。同教授はこのような、二国間の隔たりを評価する指標として、「CAGE」という枠組みを提唱しています。CAGEはそれぞれ、「文化的」(Cultural)、「制度的」(Administrative)、「地理的」(Geographical)、「経済的」(Economic) の頭文字を取ったものです。

これら4つの指標で、日本と中国の隔たりを評価すると、例えば図表3–15のとおりとなります。

二国間の「隔たり」を評価する指標は多岐にわたり、どこに注目するかによっても大きく評価は変化します。ここでは筆者の感覚的な評価として、参考にとどめていただければ幸いです。

文化的な隔たり：小さい

日本人と中国人の文化的違いについては、本書後半で詳しく見ていきますが、例えば米国人と中国人の隔たりなどと比較してみれば、「共通点がある程度多い＝相対的に隔たりは小さい」とみることができると思います。

制度的な隔たり：中程度

政治体制や法令体系などが、日本と中国では大きく異なります。交通ルール１つとっても、自動車左側通行と右側通行など、違いが目立ちます。しかしこれまでみたとおり、中国は世界で日系企業拠点が最も多い国です。その意味で、多くの日本企業が中国ビジネスを経験してきたことを評価し、「中程度」としました。

地理的な隔たり：小さい

距離が近く時差が少ない、ということは、ビジネスを行う上で非常に大きな要素だと考えます。ウォルマート社の例で、米国企業の同社が利益を上げていたのは近隣国ばかりだということをみても、これは明らかです。

東京から上海への直線距離は約１７００㎞に過ぎず、これは東京と那覇の距離が約１６００㎞弱であることを考えると非常に近いと感じます。東京からタイの首都バンコクまでは約４６００㎞、イン

図表3-16　日本と中国の隔たり（地理的隔たり）

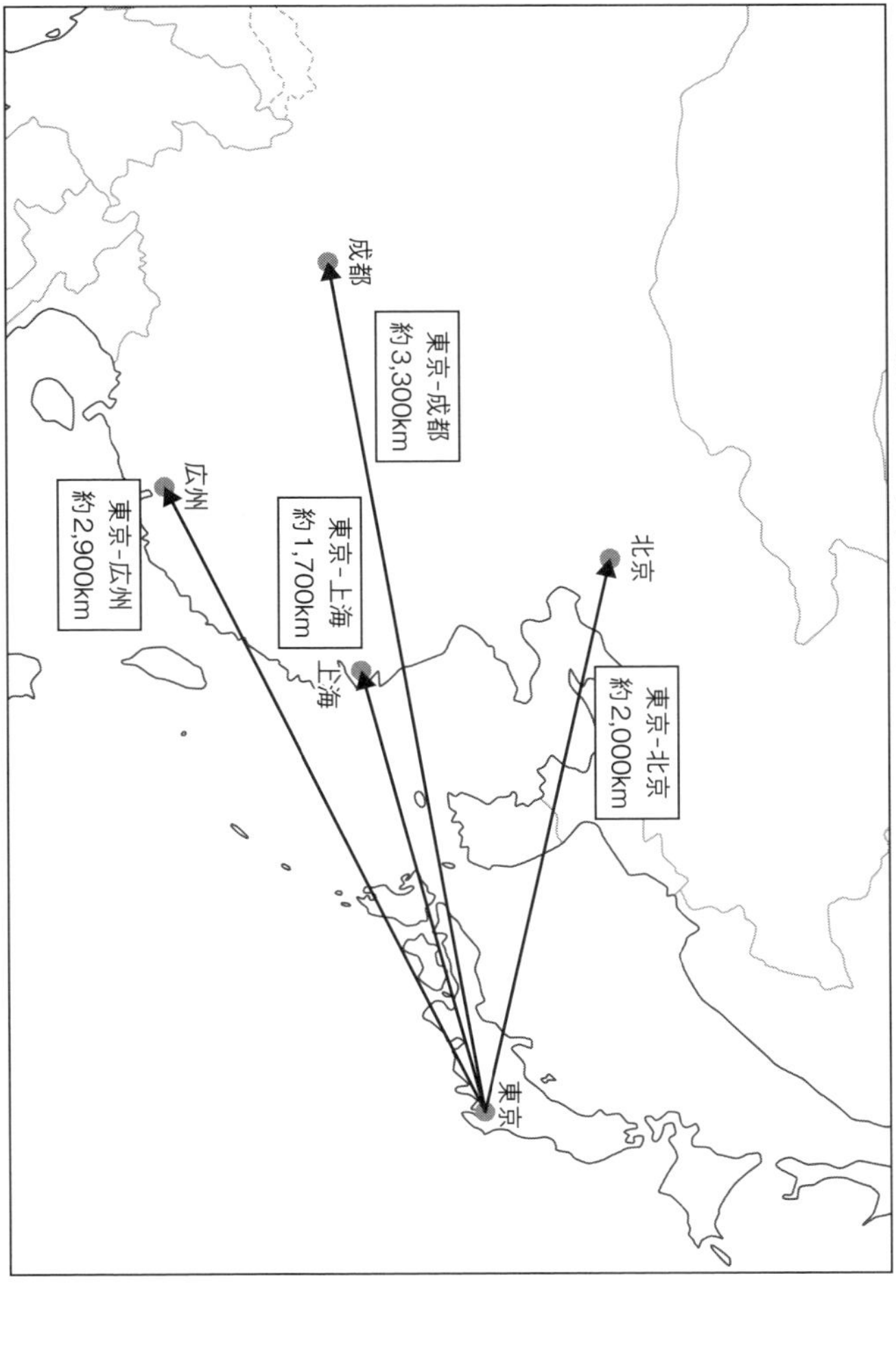

出典：筆者作成

ドの首都ニューデリーまでは約５８００㎞です。

経済的な隔たり：中程度

ＧＤＰでは既に中国が日本を大きく凌駕していますが、消費行動などに大きな影響がある１人あたりＧＤＰでは、先にみたとおり、まだ大きな差があります。ただその差は急速に縮まってきており、既に個別には、日本人を大きく超える所得水準の中国人富裕層が数多く登場しています。

４つの指標からみた、日本と中国の二国間の隔たりは、「比較的小さい」と言えると考えます。米国や英国のように、世界中に同じ言語（英語）を話す国が数多くある、という状況と日本企業が置かれている状況は違います。日本からみれば中国は、他の国に比較して文化的に共通点があり、地理的な隔たりが小さい国、というようにみることができます。

これらを踏まえて、日本企業からみた「中国ビジネス通信簿」を作るとすると、図表3-17のようになるのではないでしょうか？

「報道自由度」については突出して低い評価ですが、それ以外は、特にタイ、インドなどの新興国との比較では、ビジネス環境は非常に優れていると言えます。所得水準、グローバル競争力、安全性とも高い評価であり、かつ日本との二国間の隔たりも相対的に小さいと言えます。このように客観的に評価すると、中国は日本企業にとり、依然として有望な進出先国である、と言えると思います。

図表3-17　中国ビジネス通信簿

評価項目	評価 (5段階)	コメント
所得水準 (1人あたり名目GDP)	4	8,643ドル 既に他の新興国(タイ，インドなど)と比較して高い水準にあり，さらなる成長が期待される
グローバル競争力	5	140ヶ国中28位 市場規模は最高評価である．また他の新興国と比較すると，インフラ，ICT導入，イノベーションなど様々な指標で高い評価を得ている
渡航する国・地域としての安全性	4	チベット・新疆ウイグルなど一部地域を除いて危険情報は出ていない 新興国の中では，相対的に治安は良好とされる
カントリーリスク	3	100ヶ国中43位 インド，タイとあまり大きく変わらない
汚職・腐敗の蔓延度	3	180ヶ国中87位 インドより低順位だが，タイなど他のアジア諸国よりは高順位
報道自由度	1	180ヶ国中176位 非常に低い評価
二国間の隔たり (対日本)	4	地理的隔たりが小さい 文化的隔たりはあるが，他国と比較すれば共通点があるため相対的には小さいと言える

出典：著者作成

3　中国進出日系企業の状況

(1)　日系企業統計を正しく知る

中国における日系企業総数の推移

中国へ進出した日系企業は、現在どのような状況にあるのでしょうか？　本当に大苦戦しているのでしょうか？　いくつかの統計資料からみていきたいと思います。

まず、外務省の「海外在留邦人数調査統計」を再度みてみましょう。同調査では、平成18年（２００６年）版から、各在外公館が調査した企業拠点総数が掲載されるようになり、最新版（平成30年要約版）では各在外公館管轄区域の「日系企業総数」（日本企業の支店・事務所、日系現地法人、日本人が海外で起業した会社の合計）が掲載されています。中国の日系企業総数は現在、３万２３４９となっており、近年の推移をみてもほぼ横ばい状態が続いています（23ページ図表1-8参照）。

日系企業総数の分布を、在外公館（大使館、総領事館、領事事務所）の管轄地域別にみると図表3-18のとおり、圧倒的に在上海総領事館管轄地域（上海市、安徽省、浙江省、江蘇省、江西省）に多くの日系企業が集中している状況がわかります。

日系企業総数の直近の増減を管轄地域別にみると、在青島総領事館、在重慶総領事館、在香港総領

図表3-18　中国の日系企業総数の分布

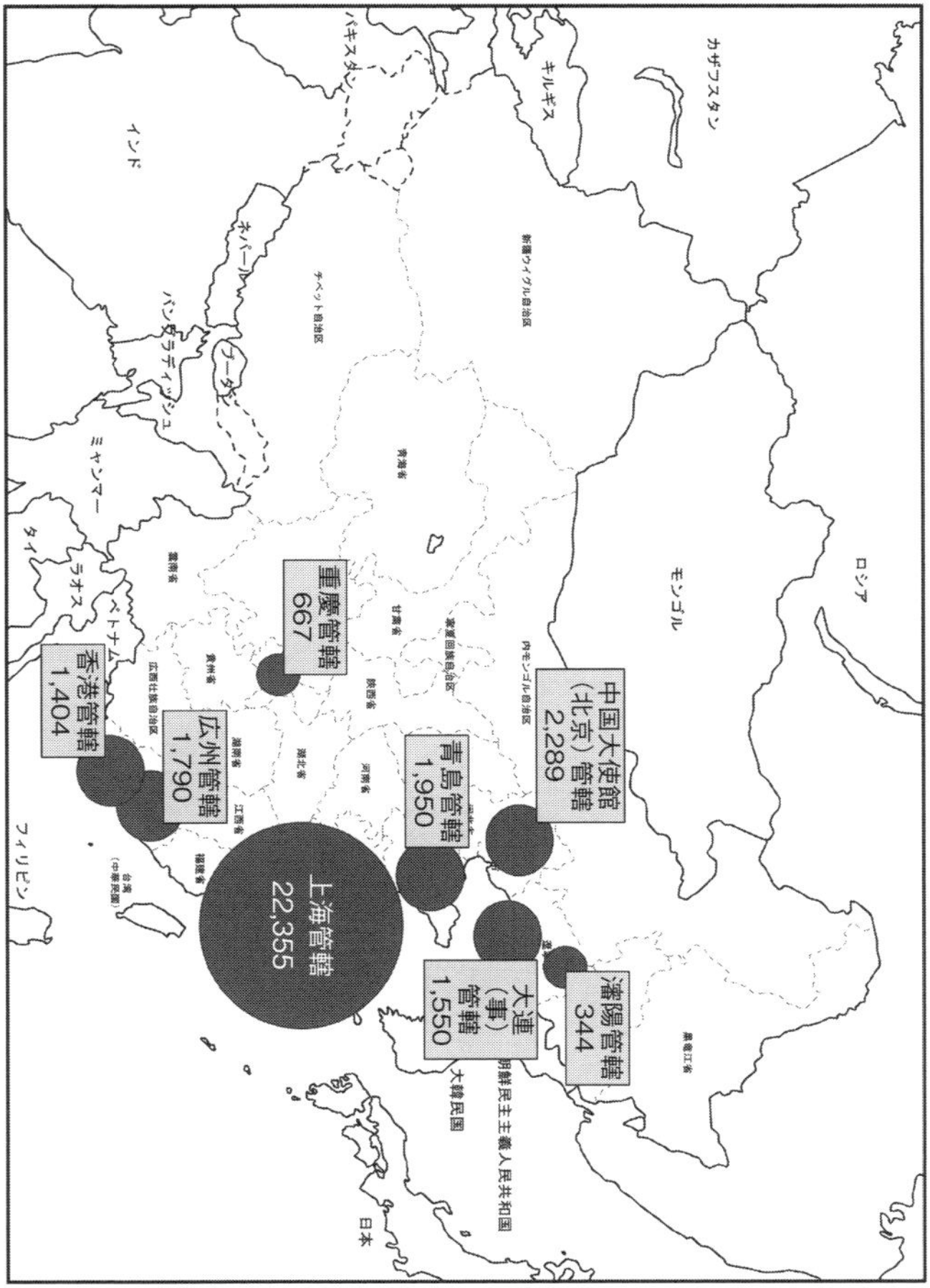

出典：外務省「海外在留邦人数調査統計」(平成30年要約版)より筆者作成

図表3-19　中国在外公館管轄地域別日系企業総数

在外公館名	管轄地域	日系企業総数	増減率	増減数
在中国大使館	北京市，天津市，陝西省，山西省，甘粛省，河南省，河北省，湖北省，湖南省，青海省，新疆ウイグル自治区，寧夏回族自治区，チベット自治区，内蒙古自治区	2.289	－1.8%	－42
在瀋陽総領事館	遼寧省（大連市を除く），吉林省，黒龍江省	344	－5.2%	－19
在大連領事事務所	大連市	1,550	－7.0%	－117
在青島総領事館	山東省	1,950	2.4%	46
在上海総領事館	上海市，安徽省，浙江省，江蘇省，江西省	22,355	0.7%	158
在広州総領事館	広東省，海南省，福建省，広西チワン族自治区	1,790	－1.7%	－31
在重慶総領事館	重慶市，四川省，貴州省，雲南省	667	2.0%	13
在香港総領事館	香港特別行政区，マカオ特別行政区	1,404	2.0%	28
（合計）		32,349	0.1%	36

出典：外務省「海外在留邦人数調査統計」（平成30年要約版）

事館管轄地域で2％前後増加しているほか、最も日系企業が集中する在上海総領事館管轄地域でもわずかに増加しています。その他の地域での減少をこれらが相殺し、結果として全体では微増となっています（図表3－19）。

中国進出日系企業の経営状況

中国進出日系企業の経営状態に関する調査として、ジェトロが毎年実施している「アジア・オセアニア進出日系企業実態調査」があります。２０１８年度調査結果によると、「２０１８年の営業利益見込み」について「黒字」と回答した企業が全体の71・7％で前年よりも1・4ポイント増加しました。大企業だけでなく中小企業も含む同調査で、平均7割以上の企業が利益を

図表3-20　中国現地法人の2018年営業利益見込み（省・直轄市別）

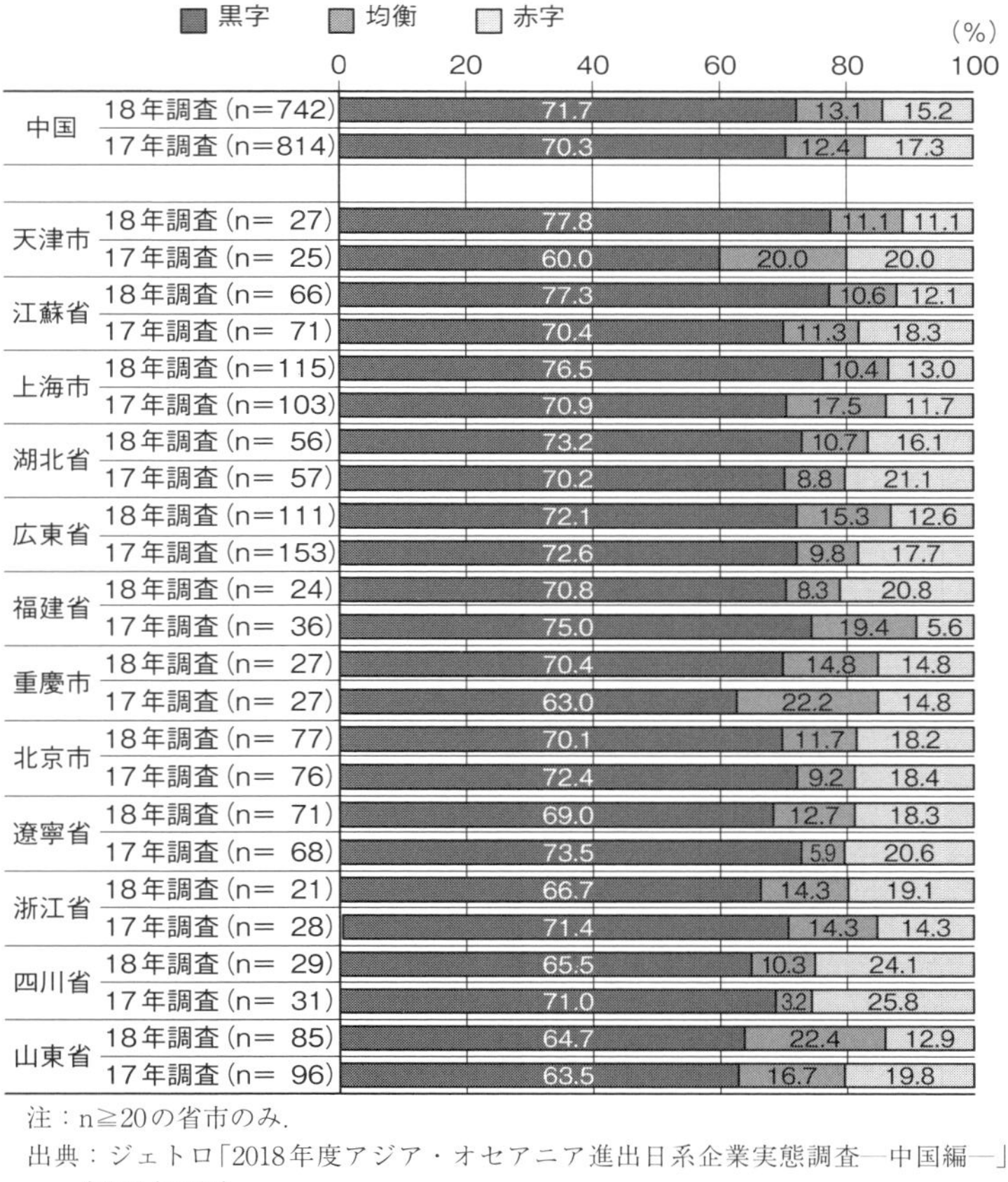

注：n≧20の省市のみ.

出典：ジェトロ「2018年度アジア・オセアニア進出日系企業実態調査―中国編―」（2019年2月）

上げているという状況です（図表３-20）。

さらに18年の営業利益が前年比「改善する」との回答は42・３％となりました。改善の理由は、多いものから「現地市場での売上増加」（75・６％）、「生産効率の改善（製造業のみ）」（47・５％）、「輸出拡大による売上増加」（27・６％）、「販売効率の改善」（15・７％）などが挙がっています。

今後のビジネス展開

同調査で中国進出日系企業に「今後１～２年の事業展開の方向性」を聞いた質問に対して、事業を「拡大」する、と回答した企業は48・７％で前年より０・４ポイント増加しました。「縮小」は５・１％、「移転・撤退」は１・５％で、「縮小」は前年より減少、「移転・撤退」は横ばいでした（図表３-21）。「拡大」する理由は、多い順に「現地市場での売上増加」（85・４％）、「成長性、潜在力の高さ」（39・６％）、「高付加価値製品・サービスへの高い受容性」（24・７％）などが挙がりました。

拡大する機能は「販売機能」が最多

「拡大」と回答した企業に対して、どの機能を拡大するかを聞いたところ、「販売機能」との回答が59・５％で最多でした。「生産（高付加価値品）」（37・４％）、「生産（汎用品）」（25・４％）、「研究開発」（15・１％）、「物流機能」（13・１％）などが続いており、高付加価値品の生産を奨励する中国政府側の意向へ対応する動きが増えていることがうかがえます（図表３-22）。

図表3-21　今後1～2年の事業展開の方向性（省・直轄市別）

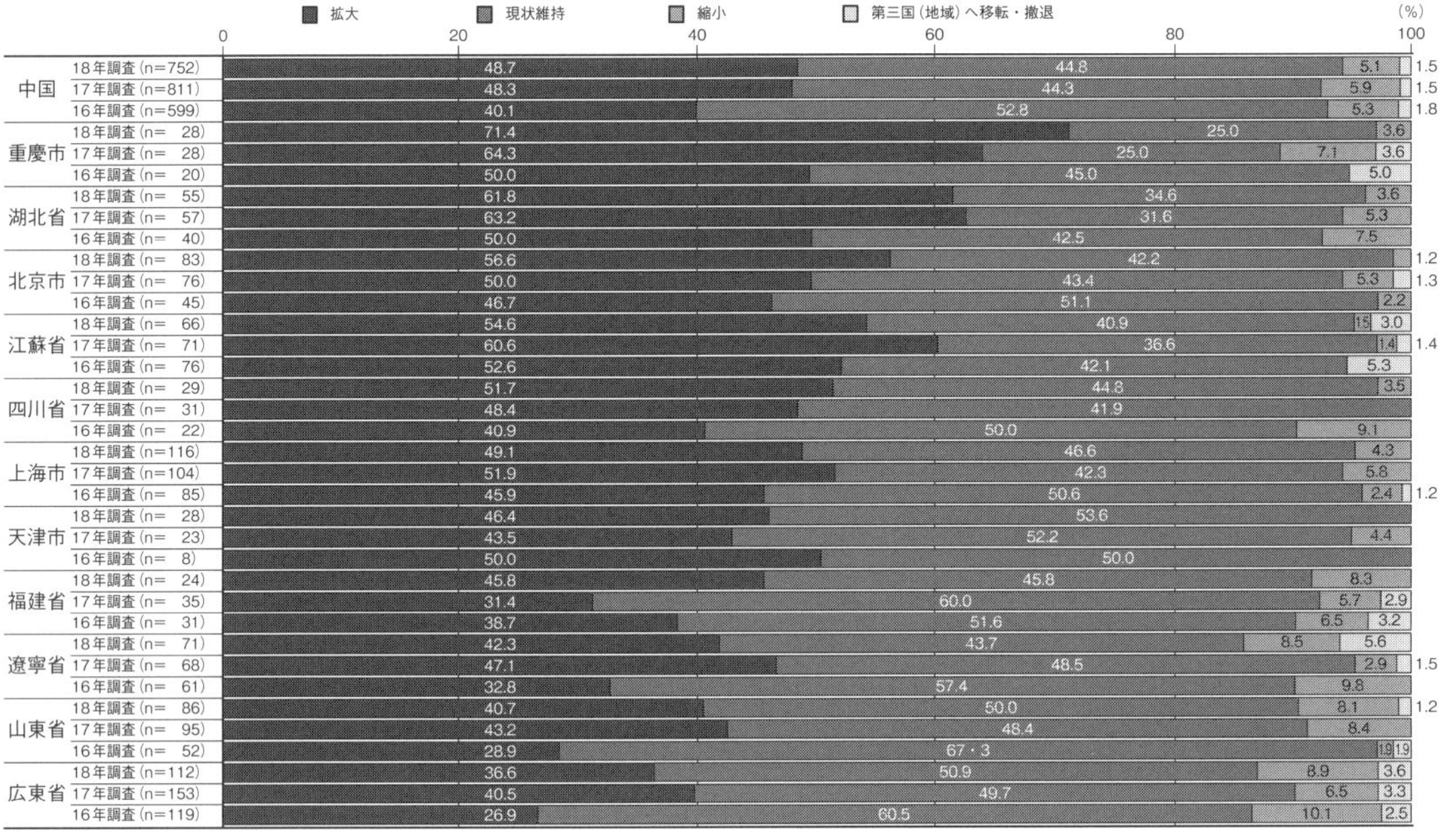

注：n≧20の省市のみ.
出典：ジェトロ「2018年度アジア・オセアニア進出日系企業実態調査―中国編―」(2019年2月)

図表3-22　拡大する機能（複数回答）

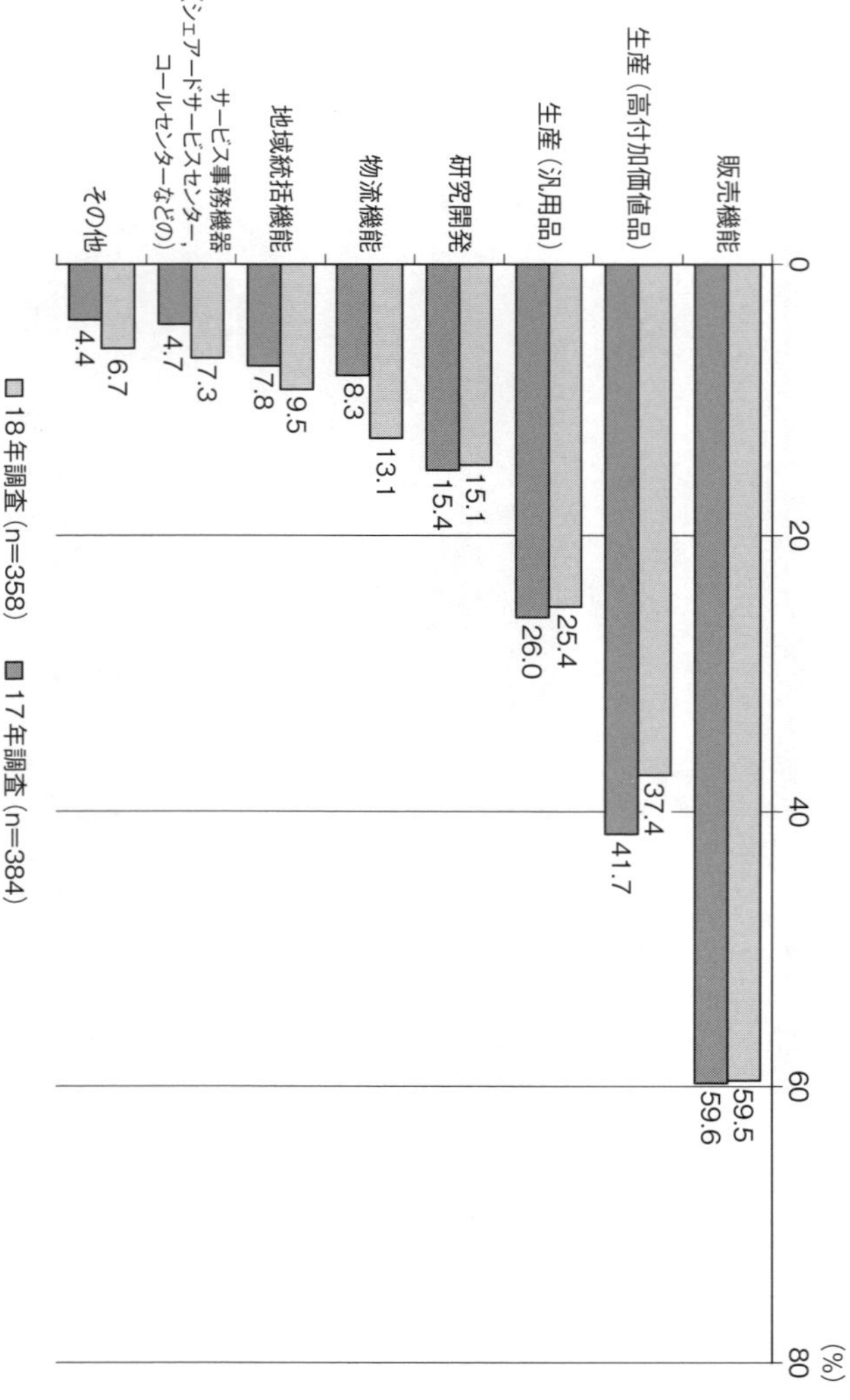

出典：ジェトロ「2018年度アジア・オセアニア進出日系企業実態調査―中国編―」（2019年2月）

図表3-23　経営上の問題点

回答項目		2018年調査(%)	2017年調査(%)	増減(ポイント)
1位	従業員の賃金上昇	75.7	75.3	0.4
2位	調達コストの上昇(製造業のみ)	53.5	50.2	3.3
3位	競合相手の台頭(コスト面で競合)	51.7	55.0	△3.3
4位	品質管理の難しさ(製造業のみ)	48.0	50.2	△2.2
5位	環境規制の厳格化(製造業のみ)	45.8	39.3	6.6
6位	人材(一般ワーカー)の採用難(製造業のみ)	44.0	39.1	5.0
7位	新規顧客の開拓が進まない	43.4	39.9	3.5
8位	限界に近づきつつあるコスト削減(製造業のみ)	43.0	46.1	△3.1
9位	従業員の質	42.0	44.3	△2.3
10位	人材(技術者)の採用難(製造業のみ)	40.3	36.8	3.4

出典：ジェトロ「2018年度アジア・オセアニア進出日系企業実態調査―中国編―」(2019年2月)

(2)　中国進出日系企業の経営上の問題点

やはり「従業員の賃金上昇」が最大の問題

「アジア・オセアニア進出日系企業実態調査」では、中国進出日系企業に「経営上の問題点は何か」を聞いています。2018年度調査では、最も多かったのは「従業員の賃金上昇」で75・7%でした。2位以下は「調達コストの上昇(製造業のみ)」(53・5%)、「競合相手の台頭(コスト面で競合)」(51・7%)、「品質管理の難しさ」(48・0%)、「環境規制の厳格化(製造業のみ)」(45・8%)、「人材(一般ワーカー)の採用難(製造業のみ)」(44・0%)などが並んでいます(図表3-23)。

中国国内の主要都市別に、経営上の問題点に関する回答結果を比較すると、「従業員の賃金上昇」が最多となっている点はほとんどの都市で共通している一方、天津市・北京市・遼寧省では「調達コストの上

図表3-24　経営上の問題点（省・直轄市別）

（注）n≧5の省市のみ.
（%）

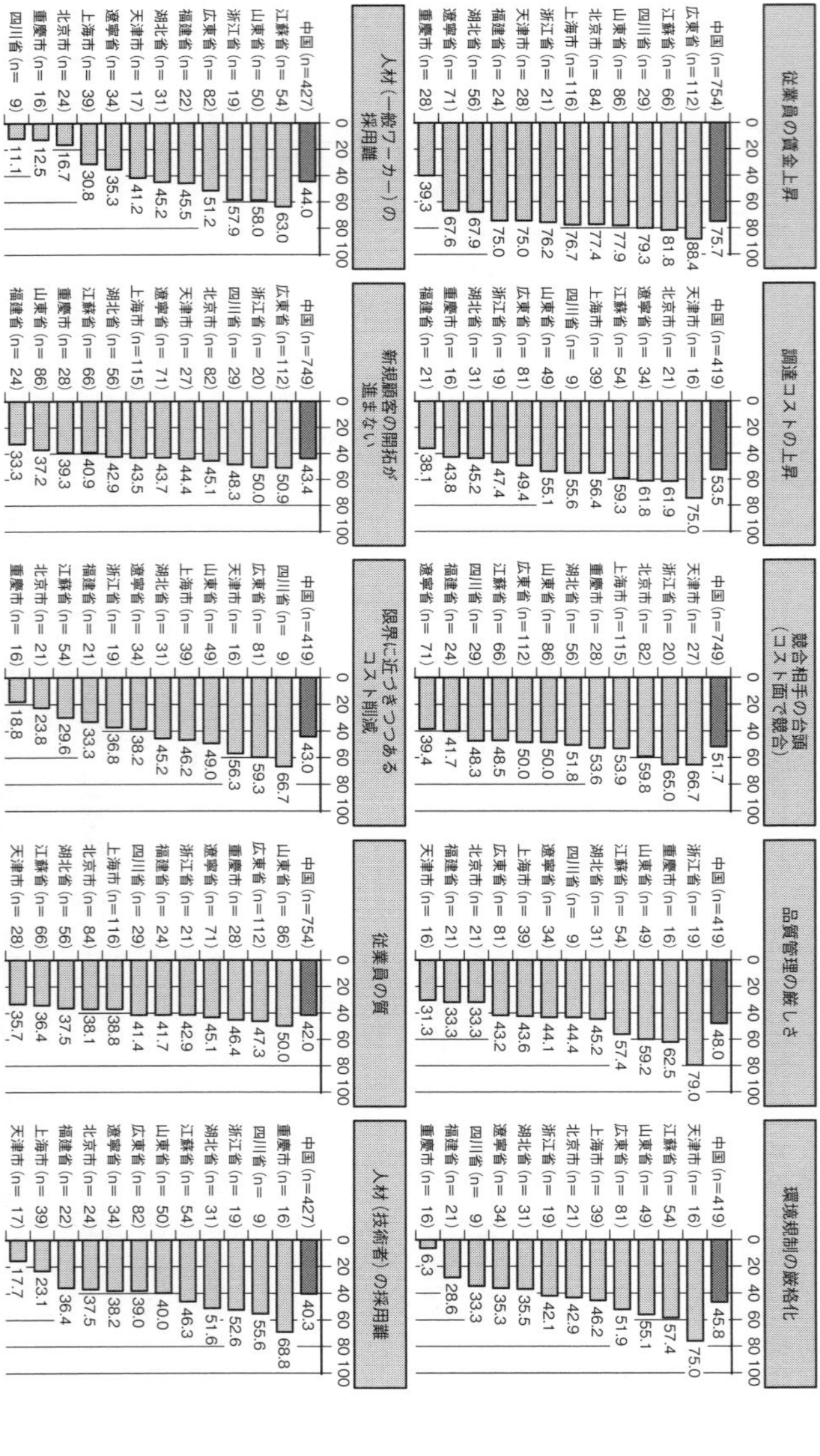

出典：ジェトロ「2018年度アジア・オセアニア進出日系企業実態調査―中国編―」(2019年2月)

昇」の割合が他の都市よりも高く、浙江省では「品質管理の難しさ」(79・0%)、天津市では「環境規制の厳格化」(75・0%)、江蘇省では「人材(一般ワーカー)の採用難」(63・0%)が上位に挙がるなど、都市による違いがみられます。

さらに経営上の問題点に関する回答を、製造業と非製造業で別々に集計すると図表3-25のとおりとなります。非製造業では「競合相手の台頭(コスト面で競合)」(49・4%)、「新規顧客の開拓が進まない」(48・8%)、「従業員の質」(41・0%)、「人材(一般スタッフ・事務員)の採用難」(32・4%)が上位に挙がっている点が、特徴と言えます。

(3) 日系企業の事業縮小、移転・撤退

日系企業の事業縮小、移転・撤退の状況

ここで、進出日系企業の事業縮小、移転・撤退の状況についてもみておきましょう。経済産業省「第47回海外事業活動基本調査概要」(2016年度実績/2017年7月1日調査)によると、中国から撤退した日系現地法人数は、2016年度には269社でした。撤退現地法人数を、対象現地法人数と撤退現地法人の和で割った「撤退比率」をみると、中国では2016年度は3・5%で、他の地域に比較して比較的高い水準を保っています(図表3-26)。

ジェトロ「アジア・オセアニア進出日系企業実態調査」によると、中国進出日系企業のうち、今後

図表3-25　経営上の問題点（製造業・非製造業）

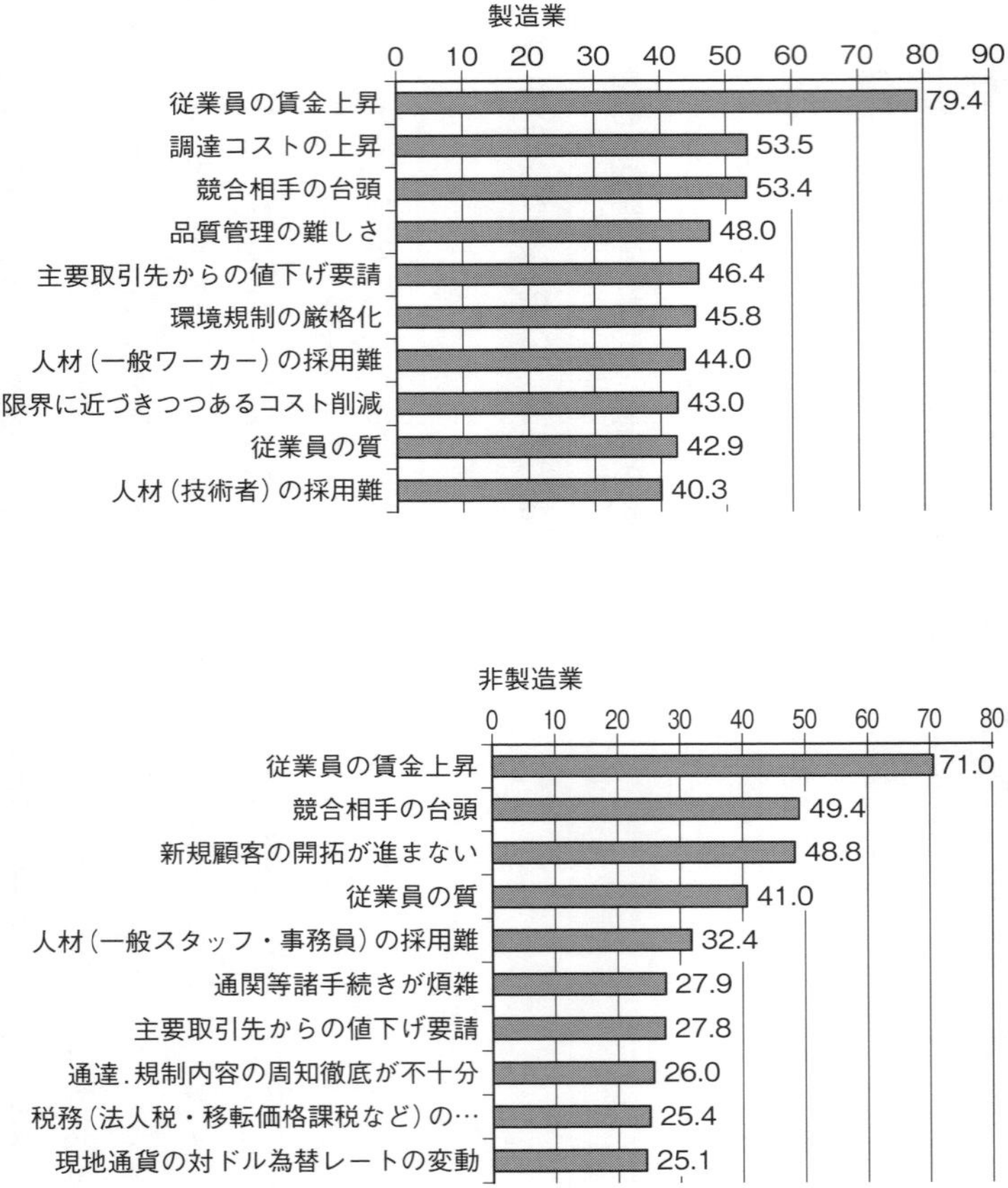

出典：ジェトロ「2018年度アジア・オセアニア進出日系企業実態調査―中国編―」（2019年２月）より筆者作成

図表3-26　地域別撤退比率

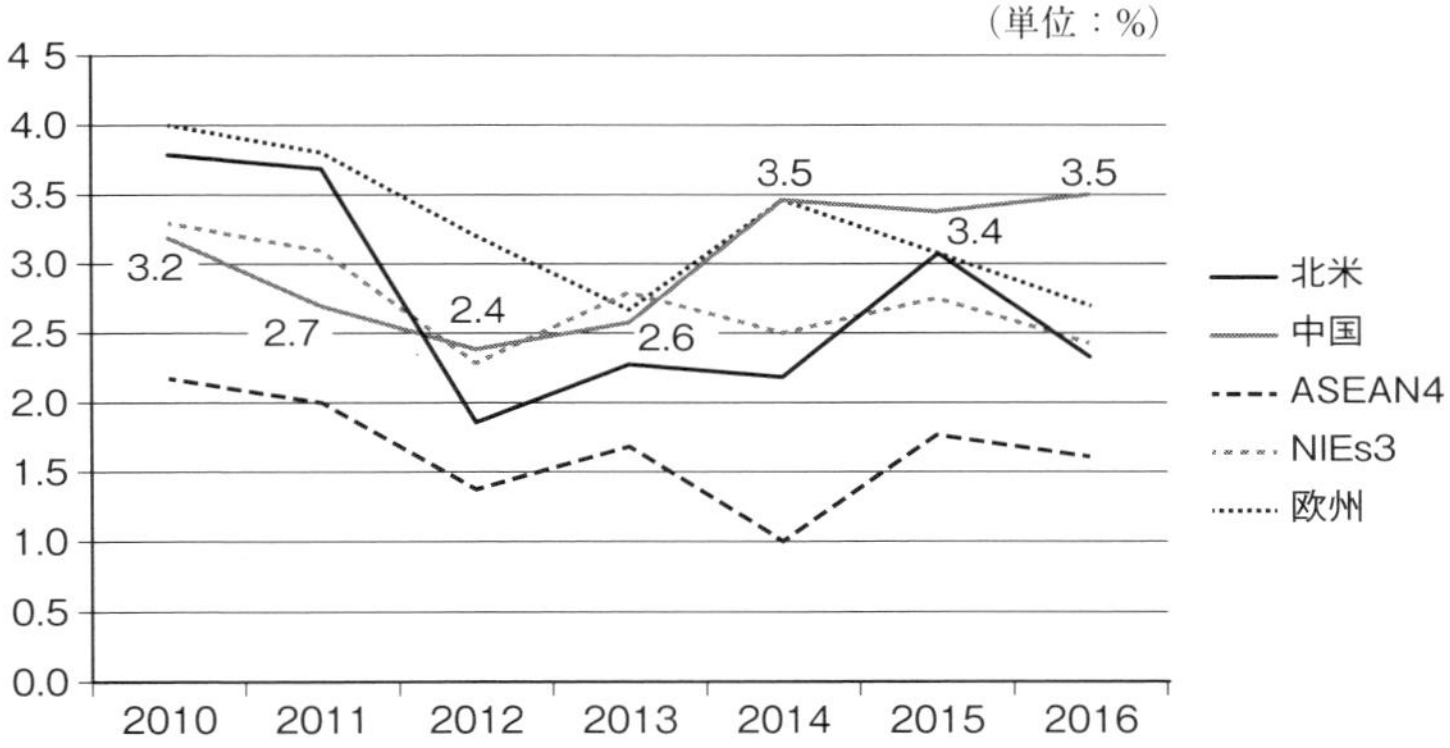

注：ASEAN4：タイ，マレーシア，インドネシア，フィリピン，NIEs3：シンガポール，台湾，韓国
出典：経済産業省「第47回海外事業活動基本調査概要」

1～2年の事業展開の方向性について「縮小」もしくは「第三国（地域）への移転・撤退」と回答した企業の割合は6・6％でした。縮小もしくは移転・撤退とした理由として，最も多かったのは「コストの増加（調達コスト、人件費など）」（41・7％）で、以下、「現地市場での売上の減少」（37・5％）、「労働力確保の難しさ」（31・3％）などが続いています。

中国における事業縮小、移転・撤退の難しさ

なお、ここで中国における事業縮小、移転・撤退の困難さについても触れておきます。特に近年増えている合弁解消ケースにおいては、新規進出に関する手間・労力以上に、多大な労力を要し、しかも、土地使用権の処理、労務問題への対応、資産評価、外国為替管理、税制など、様々なリスクがあるため、トラブルに発展

するケースが後を絶ちません。

こうしたトラブル事案の処理を担当する弁護士など専門家が口をそろえて言うのは、縮小・撤退時に大きなトラブルとならないよう、リスクをできるだけ小さくできるよう、進出や投資実施時に予め、縮小・撤退時のリスクを十分理解し、万一のときの対応策を講じておくことが重要である、ということです。

4　本章のまとめ

本章ではまず、中国ビジネスが難しいと言われるようになった要因として、過去の代表的かつ深刻な失敗事例をご紹介しました。また、「チャイナリスク」、「中国特有のリスク」と言われるものが、実は中国以外の他国にもみられるものであり、ほとんどが「中国特有」ではない、ということをみました。

この上で、中国だけが特殊、と考えるのではなく、できる限り客観的に様々な国と中国を比較して、ビジネスを行う上でどの程度難しいのか、適しているのかをみるために、「ビジネス通信簿」を作成しました。中国は「グローバル競争力報告書」では世界28位で、様々な指標をみると他国より劣る点もありますが、総じて有望な進出先と言えそうです。

そして最後に中国進出日系企業の拠点総数、経営状況などとともに、今後のビジネスの見通しなどをみました。中国進出日系企業は7割以上が利益を上げており、そのうち4割程度は利益幅が拡大しています。今後1～2年の事業展開については、半数近くが「拡大する」、としており、拡大する理由は、「現地市場での売上増加」、「成長性、潜在力の高さ」などが挙がりました。特に販売機能を拡大するとの回答が多くみられます。日系企業の経営上の問題点としては、「従業員の賃金上昇」、「調達コストの上昇（製造業のみ）」などが並びました。進出日系企業の撤退比率は、2016年度は3・5%で、他の地域に比較して比較的高い水準を保っています。アンケート調査で今後の事業展開の方向性を「縮小」もしくは「移転・撤退」とした理由として、「コストの増加（調達コスト、人件費など）」、「現地市場での売上の減少」などが多く挙がりました。

ここまでで、中国は特殊で、中国だけが特別にビジネスを行うのが難しい、というのは偏った見方だとおわかりいただけたと思います。中国ビジネスは確かに難しいし、様々なリスクがあります。ビジネスを行う上での課題も多くあります。しかし海外の他の国のビジネスと比べて中国だけが極端にリスクが高い、というわけではない、ということは是非、しっかりと理解しておいていただきたいと思います。

第4章　中国ビジネスにおいて最低限知っておくべきこと

1　中国社会のニーズを察知する努力をする

(1)「日本のやり方」持ち込み方式は全く通用しない

輸出型製造業主体から内需開拓ビジネスへ

本章では、中国でビジネスをしたいと考えるのであれば、最低限これだけは知っておかないといけない、という知識をお話ししていきます。様々な中国ビジネスに必要とされる知識の「最大公約数」、中国ビジネスを成功させるための「必要条件」です。最初は「中国社会のニーズを察知する努力が必要」という話です。

これまでもみたとおり、過去の日本企業の中国進出ブームは製造業の工場開設が中心でした。また当時はまだ中国の購買力が高くなかったため、工場で製造したものはほとんどが中国国外、日本や欧米諸国に輸出されました。輸出型製造業主体のビジネスだったと言えます。日本で製造していた製品を中国の工場製造に切り替える、というビジネスでは、「日本のやり方」をそのまま持っていく、ということがある程度は通用しました。もちろん全くそのまま持っていくことはできないので、原料の調達、設備のメンテナンス、作業員の採用・教育など、何から何まで苦労の連続だったのですが、大きな枠組みとしては、日本のマザー工場（お手本となる工場）というモデルがあって、それにどう近づけていくか、という努力を重ねていました。結果として、時間は掛かったものの多くの企業では中国製造が軌道に乗り、大幅なコスト削減効果により多大な利益を享受しました。

しかし中国の人件費の急騰により、右記のようなモデルが限界を迎えてきているのもこれまでみたとおりです。現在では多くの製造業企業の中国工場が、急ピッチで工場の自動化・効率化を進めることで、人件費上昇の影響抑制を図っています。これからは、中国を巨大市場とみて、中国国内の消費者へ製品・サービスを販売する、もしくは中国国内の成長企業へ設備や資材等を提供する、といった、内需開拓ビジネスが重要となってきています。内需開拓ビジネスを考える場合に、これまでの製造業進出と大きく異なるのは「日本のやり方」持ち込み方式が全く通用しなくなることです。

ほとんどの中国ビジネスは中国人相手になっている

内需を狙う場合、ほとんどのビジネスが中国人相手になります。消費者へ直接製品・サービスを販売する場合は中国人消費者を相手にするわけですから当然と言えますが、実はＢ to Ｂ（企業間取引）

ビジネスであっても、ほとんどのビジネスが中国人を相手にすることになります。

中国進出日系企業の中には「日系企業だけを相手にビジネスをする」という形態がよくみられます。この場合は日本人相手が中心なのではないか、と思いがちですが、こういう形態であっても実際には通常はほとんどが中国人と接することになります。なぜなら、相手がある程度以上の規模の日系企業である場合、経営者が日本人だとしても、担当の社員たちはほとんどが現地採用の中国人だからです。

この観点では、過去から、中国ビジネスにおいては、中国人をどう攻略するか、ということがあらゆる業種で求められる重要な課題となってきました。近年は製造業主体が内需開拓ビジネスへ移行しているため、この傾向に拍車がかかり、ますます「日本のやり方」持ち込み方式が通用しなくなってきているのです。製造業主体、または日本人相手のビジネスであれば、ある程度はまだ「日本のやり方」持ち込み方式が機能しました。しかし相手が中国人になった途端、ニーズの把握から人間関係の構築、仕事の進め方まで、全て中国式に合わせていくことが重要になってくるのです。

かつては「日本のやり方」持ち込み方式に頼り、自社ができること、自社が提供できる製品・サービスを中国に当てはめる、といった形態のビジネスが多くみられました。しかし近年はこのような方法は急速に姿を消し、真に中国社会や中国人のニーズを探索する努力が不可欠となってきているのです。

(2) 私たち日本人は中国人の感覚を理解していない

現在の中国は日本の１９７０年代と同じか

過去の中国進出ブームにおいては「日本のやり方」持ち込み方式が多くみられ、中国の消費者にそっぽを向かれることがたびたびありました。典型的な失敗例は、２０００年代前半の携帯電話事業であり、家電量販店であり、様々なサービス業でした。なぜそっぽを向かれるのか。それは、中国の消費者の生活環境が私たち日本のそれとは全く違うからです。

先に１人あたりＧＤＰの比較をしました。中国の現在の１人あたりＧＤＰは８０００ドル台、日本でいうと１９７０年代後半くらいの水準です。こういう話をすると、「日本の１９７０年代後半くらいの社会を参考にして商品開発をすれば良い」という発想が出てきますが、これはあまりにも乱暴であり、実際に全くあてはまりません。新興国全般にみられる現象ですが、現代の新興国は、先進国が経てきた過去の発展過程をある面では同じようになぞるのですが、決定的に違う面があるのです。それはテクノロジーです。

最新のテクノロジーを活用する中国の消費者

例えばよく例に挙がるのは、映像媒体です。１９７６年、日本ビクターが家庭用ビデオ規格としてＶＨＳ（Video Home System の略）を開発し、ＶＨＳビデオテープや対応ビデオデッキが世界中に普及しました。しかしその後、２０００年代になってＤＶＤやハードディスクレコーダ、パソコンの普及に押され、やがて市場から姿を消しました。中国はＶＨＳ時代にはビデオデッキを購入できる家庭がほとんどなかったため普及せず、世代に関係なくほとんどの人がＶＨＳビデオを見たことがありません。ほとんどの人が映像媒体といえば、ＤＶＤ以降しか知らないのです。

電話についても同じことが言えます。さすがに固定電話を知らない、という人は都市部ではあまりいませんが、内陸部においては、かつては固定電話が各家庭に敷設されていない地域も多くありました。現在はそういう地域にまで、携帯電話、スマートフォンが普及しているのです。中国の政府機関、インターネット情報センター（ＣＮＮＩＣ）が２０１８年に発表したところによると、中国のインターネット利用者は８億２００万人に達しており、そのうち98％はスマートフォンなどのモバイル機器経由でインターネットを利用しているそうです。つまり固定電話を経験せずにスマートフォンを使用している人たちが内陸部にはたくさんいるのです。

１人あたりＧＤＰという平均値だけをみれば、日本の１９７０年代後半と同等の所得水準かも知れませんが、テクノロジーについては最新のものが利用できる、それが現代の中国の姿なのです。中国ではモバイル決済利用率が６割以上とされ、都市部では自転車シェアサービスや配車アプリなどが普及しています。無人コンビニなどまだ日本では一般的でないサービスもあり、そういう意味ではより先進的な顧客体験をしているとも言えそうです。

中国人は見た目が日本人に似ているので、つい、同じように考えてしまいがち、ということを先に書きました。消費者を考える際にも同じような落とし穴があります。見た目が似ているだけで、中国の人々が積んできた経験や日々の生活、そしてその中で培われる感覚は、日本人とは全く異なるものであることを常に肝に銘じる必要があります。

日本人の中国人観のズレ

私たち日本人、特に中国を訪問したことのない日本人には、現代の中国人の感覚というのはなかなか理解できないものです。近年、訪日中国人旅行者が急増しているのはこれまでみたとおりですが、日本に対して好意的な感想が多い一方、日本人の言動に「困惑した」という声も時々聞かれます。以下は日本語メディア「サーチナニュース」で紹介された、中国人観光客が日本でタクシーを利用した際の体験です。

「この運転手は、乗ってきたのが中国人だと知ると明らかに興奮しだし、中国では見られないようなものを紹介しましょうと言いだした。車が立体交差に差し掛かると、運転手はとても興奮した様子で『見てください。もうすぐ電車が空の上を飛んできますから』と注目を促す。程なくして、それが、単に陸橋の上を電車が走るだけの話であったことを中国人観光客たちは知り、何とも言えない気分になったという」

（サーチナニュース、2018年6月18日）

中国の都市部では立体交差どころか、日本以上の超高層ビルが林立する都市も珍しくないにもかかわらず、こういう反応をされた、ということです。これは極端な例としても、私の中国人の知人は、「日本に留学した頃、大学の同級生に『中国では、パンって食べたことないんでしょ?』と聞かれて憤慨した」という話を悔しそうにしていました。欧州などでは未だに「日本にはサムライがいる」と思っている人がいるという話を聞きますが、中国人からするとそれに近い感覚かも知れません。中国の経済発展はそれほど急速で、私たちの認識が追い付いていない部分があるかも知れない、ということを常に注意しておく必要があります。

私たち日本人は中国人の感覚を理解していない

中国人の感覚、中国人の消費行動というのは、外国人である私たちからはなかなか理解が難しいものです。私が駐在していた保険会社の中国現地法人（東京海上日動火災保険（中国）有限公司）でも、反日感情などに配慮し、「東京」という日本の地名が入った会社名が中国の市民にどう受け止められているか、という小規模な市場調査を10年近く前に行ったことがあります。結果としては意外にも、「社名に東京と入っている方が信用できそう」というポジティブな反応が多く集まって、関係者一同、ほっとした、ということでした。私自身も、ある顧客企業の要望で広東省深圳市の気象局を訪問し、過去の気象観測データの提供を依頼した際、窓口の女性に中国語の名刺を見せたところ、「なにこの社名、おしゃれじゃない?　あなたが考えたの?」と言われ、戸惑ったことがありました。当時私たちの会社は、中国では一般向け広告などを一切行っていなかったので知名度はゼロに等しかったのですが、期せずしてポジティブな印象を持ってもらえたのは、偶然とはいえ、幸運だったといえます。

２０１８年、日本の開発会社ヒットポイントのスマホ向けゲームアプリ「旅かえる」が中国人に爆発的に大ヒットしました。累計ダウンロード数は５ヶ月で３８００万に達し、８割近くが中国からのダウンロードだったそうです。同アプリは中国語対応をしていないにも関わらずです。

このゲームは「放置系」と言われ、岩のような住居に一人暮らしをしている主人公のカエルに、旅に出るための食糧、手ぬぐいやテントなどの装備品を買い与えておくと、知らないうちに旅に出ます。しばらくすると帰ってきて、日本国内の様々な土地のおみやげや旅先の写真などを見せてくれます。カエルがいつ旅に出るか、いつ帰るかはカエル次第で、プレイヤーは待つしかありません。カエルが帰ってくるとプッシュ通知が入るのでアプリを開くと帰ってきたカエルが確認できます。それだけのアプリです。

中国でのヒットの直接の要因は中国版ツイッター「微博」（ウェイボー）上で拡散されたことらしいですが、なぜそこまで中国人の心をつかんだのでしょうか？　ヒットの要因を様々なメディアが分析しています。

実際に遊んでいる中国人は「親の愛情を思い出す」とのことでした。中国の内陸部から多くの中国人が都市部へ大挙して出稼ぎに行く、というスタイルは、近年の内陸部の経済発展により徐々に減少してきてはいますが、それでも親元を離れ都市部で暮らす中国人は大勢います。都市部生まれでも仕事の関係で親元を離れている人も多くいます。そうした人々が春節（旧正月）に里帰りをすることで毎年、「春運」という特殊輸送体制を敷く民族大移動が起きていることは有名な話です。このような人々が、このアプリでカエルの帰りを待ちながら自分を送り出した親の愛情を思い、温かい気持ちになっている、という分析です。

中国の消費者はどこへ行くのか

このように中国の消費者の行動においては、日本とは全く違う、中国の社会環境が背景になっており、これを理解するのは非常に難しいといえます。最近よく指摘されるのは「中国の消費者は日本以上に『コト消費』へ移行している」という点です。商品そのものの所有に価値を見出す消費傾向を「モノ消費」、商品やサービスを購入したことで得られる体験に価値を見出す消費傾向を「コト消費」と呼び、近年は「コト消費」が増加している、と言われますが、中国では高所得層を中心に「モノ」の所有では満足できず、「新しい」「面白い」「勉強になる」といった体験を求める消費者が増加し、日本国内以上に「コト消費」へのシフトが進んでいるそうです。

近年、訪日中国人観光客の消費においても、ブランド品などの消費が伸び悩み、一方で機能性の高い商品を選んで買っていく傾向が指摘されます。これは中国国内でも同様らしく、かつて上海市などの都市中心部のショッピングモールには、高級ブランドショップが数多く並んでいましたが、近年ではそうしたところが閉店し、より実用的な日用雑貨店などに代わるケースが多いようです。一方「コト」消費の例として、複合型書店を展開する中国企業「方所」は、書籍・雑貨の販売のみならず、講演会やワークショップを書店で開催し、文化を提案する場として若者から支持されています。このような中、日本企業は、「コト」消費需要を見込んで、温浴施設や料理教室、お化け屋敷からラーメン複合施設など、日本式体験を中国人に積極的に紹介し、需要を喚起しようとしています。

(3) 中国ビジネス成功者は語る

これまで多くの日本企業が中国進出に取り組んできた結果、失敗事例が数多くある、という話をしてきました。しかし実は、成功例も多くあるのです。書店に行けば、こうした中国ビジネスの成功者たちの体験談を書籍などの形で目にすることができ、その中には大変勉強になるものもあります。成功者に共通してみられるのは、日本企業が元々できること（既存の製品やサービス）をそのまま持ち込んだのではなく、中国社会のニーズ（中国で何が求められているか）を独自の方法で研究し、それに徹底的に合わせていった、ということです。ここでは書籍の中から、成功者たちが中国社会のニーズを察知するためにどのような努力をしていたかをみてみましょう。

「中国のことはだいたいわかる、と言う日本人を信用しない」

イトーヨーカ堂の初代中国室長、塙昭彦氏による『中国人のやる気はこうして引き出せ―ゼロから繁盛小売チェーンを築いたマネジメント術―』（ダイヤモンド社、２０１２年）は、同氏が初代中国室長として１９９６年に中国へ赴任し、四川省成都市で1号店を立ち上げてから、約15年で計13店舗展開、１日の来店数が４万人に達する小売チェーンに育て上げるまでの軌跡を生々しい筆致で描いた貴重な体験記です。その中で中国の消費者を知るための様々な取り組みが語られています。例えば同氏は、統計データが十分整備されておらず、あっても日々目にする庶民の生活と明らかに乖離がある中で市民の生活実態を把握するため、自前で住宅調査をしていた、と言います。店舗の開店前から店舗の商圏内の様々な場所の住宅を訪問して、どんな生活をしているのか住宅の中を見せてもらい、写真を撮るということをしていました。見てみると予想外のことがたくさんあったそうです。どの住宅も極めて質素で、台所は２メートル四方もない程度、ほとんど風呂はなく１メートル四方のシャワー室だけだったそうです。調度品、電化製品、家庭用品の種類・大きさ、洋服ダンスの中、洋服をどこで購入したかなど、あらゆるものを写真に収めて、それらを会議室の壁一面に貼り、店づくりの参考にしたそうです。開店してからも購入された家具や家電製品などの配送と同時に住宅内の写真を撮っていました。最終的に訪問した住宅数は１０００を超えたそうです（ほとんどの中国人が快く調査を受け入れてくれたとのこと）。

さらに生活実態を知るため、早朝ごみ収集車が来る前に周辺の住宅街に行き、ゴミ捨て場をあさり、捨てられたゴミから周辺の住民が何を買い、何を食べているかを探ったこともあったそうです。

同氏は、「ときどき、『中国のことはだいたいわかる。自分はなんでも知っている』という日本人がいます。しかし、そう語る人を私は絶対に信用しません。そんな日本人に限って、実はまったく中国のことがわかっておらず、失敗するケースも多いからです」と書いています。中国という多様な社会を理解する難しさと、中国ビジネスに取り組む際の謙虚な姿勢の大切さを物語っています。

私自身大変印象に残ったのは、同書で紹介されている、「アイスクリームとかき氷の大特売」と「大晦日の深夜営業」の話でした。これらはいずれも、当時の中国人幹部に猛反対され、「必ず失敗する」と言われたそうです。前者は冷たいものは身体を冷やすから良くない、という古くからの中国人の慣習、後者は「前例がないから」という理由でした。しかし本当に需要がないかどうかは試してみなければわからない、ということでトップの決定として断行した結果、いずれも大当たりし、後に中国の同業者のほとんどが模倣して実施するほどになった、ということでした。

中国は新興国であり、一般市民もまだ経験したことがない商品・サービスを求めています。そのような中では日本での常識や思い込みを徹底的に捨て、中国専門家や中国人の意見さえ鵜呑みにせず、謙虚に検証を重ねていくことが大切であることを、同書は教えてくれます。

中国で90％のシェアを獲得するまでの道のり

『本当は中国で勝っている日本企業―なぜこの会社は成功しているのか？』（集英社、２０１７年）

は、自身も中国ビジネスの経験がある作家、谷崎光氏が、日本ではあまりメディアが報じない、好調な中国進出日系企業に取材した結果をまとめています。その中で食品メーカー、キユーピーの事例が紹介されています。家庭用マヨネーズでは同社調べによると２０１６年現在で、北京市90％、上海市60％、広州市80％という高いシェアを誇っている同社は、１９９４年に中国に初めて工場を建設、販売を開始したそうです。現在のような高いシェアを占めるようになるまでは苦労が多かったそうで、当初はマヨネーズそのものを食品卸業者が知らず、全く置いてもらえないところからのスタートでした。先のイトーヨーカ堂と似ていますが、やはり社員全員で３ヶ月くらいかけて歩いてローラー調査をしたそうです。北京市にできた工場周辺の居住区の配置、小売店の分布、統計がない中、徒歩で市場構造を把握し、販売店候補をリストアップして１軒１軒、交渉してまわったそうです。マヨネーズを売りに行ったら化粧品のクリームと間違われたなど、様々な苦労を重ねながら、午前は工場で製造を手伝い、午後は日本人も中国人も一緒に小売店をまわったそうです。スーパーもほとんどなかった時代、まずは食べてもらわなくてはと、小売店の集合体のような「商城」の地下食品売り場などでポテトサラダの試食販売を続けていました。その中で、「果物にマヨネーズを使っている」という消費者の声から中国人の好みを丁寧にリサーチし、日本の開発者が果物に合うようにと開発した「キユーピースイートマヨネーズ」を１９９８年に発売したところ大ヒットし、一般のマヨネーズよりも売れるナンバーワン商品になりました。今では中国に加え、ベトナムでも販売されている、ということです。

同社は現在では急拡大するネット販売にも対応し、直営のネットショップの売上も順調に伸びています。近年、中国の消費者は食の安全や信頼性に非常に厳しくなってきており、そのような中でも同社の厳格な品質管理は高く評価され、一層同社の人気を高めることとなっています。

このように大手の日本企業、有力ブランドを持つ企業も、中国ビジネスの立ち上げ時には無名のところからスタートし、いかに中国の消費者のニーズに応えるかを真摯に研究してきたのです。これらの事例は、中国社会のニーズを察知する努力なしには、高い技術力や品質管理能力をもってしても、中国市場での評価は得られないという、日本企業にとって厳しい現実を示す事例と言えます。

(4)　日本には中国にまだ提供できるものがある

B to Bビジネスでの成功例

これまで中国の消費者に売る、という話が続きましたが、ここからはＢ to Ｂビジネス、企業間取引についても触れます。中国では多くの日系企業がＢ to Ｂビジネスでも活躍しています。先の谷崎光氏の書籍では、三菱電機のファクトリーオートメーション（ＦＡ、工場自動化）事業や富士電機の自動販売機製造の合弁事業が紹介されています。いずれも大半は中国企業向けの販売です。前者は人件費の高騰による自動化・効率化需要と、「中国製造２０２５」という中国政府が進める製造業の機械化・高度化の流れに乗って、欧州メーカーなどと厳しい競争を展開しながら、売上が１０００億円を超えて急速に成長しています。後者は「農夫山泉」という中国の大手ミネラルウォーターメーカーからスマホ支払い方式の専用自販機の製造を受注するなどで、中国全土の自販機シェアの約7割を占めるそうです。

２つの事例で共通すると思われる点があります。「中国人の今、必要で、かつ彼らのできないことをする」（『本当は中国で勝っている日本企業―なぜこの会社は成功しているのか？』34ページ）という考え方です。前者の例では、日本企業が得意で欧米企業がやらない、現場主義のボトムアップで進める総合的な効率化を売っている、ということです。現場の作業効率や品質上の課題を「労働集約」や「交換」で乗り切ろうとする中国企業に対して、日本式の今ある設備で「カイゼン」を重ねて解決する、日本企業ならではの解決を提案し、業績を伸ばしているのです。自動販売機事業では、50年以上の日本での自販機事業運営におけるノウハウや、安定的に製品の温度を管理し、いつ使用しても商品が確実に提供できる安定稼働維持のための製造技術など、中国企業が真似できない技術を武器に、売上を伸ばしてきたそうです。

日本には中国にまだ提供できるものがある

こうしてみてくると、私たち日本人または日本企業がこれからの中国ビジネスを考える上で非常に重要なポイントがみえてくると思います。日本企業の中国ビジネスが製造業主体だった時代は、「日本のやり方」持ち込み方式がある程度通用してきましたが、B to CでもB to Bでも内需開拓がビジネスの中心になるようになり、「日本のやり方」持ち込み方式はいよいよ全く通用しなくなってきているのです。これからはまず、中国の求めているものは何か、中国の人々が不便や不満を感じていることは何かを真摯に研究し、理解することが重要なのです。実際にご紹介したように、中国で成功を収めている日系企業はいずれも、中国が何を必要としているかを察知する努力を積み重ねてきていました。

近年、中国では「日本からはもはや学ぶものはない」といったことが言われるようになってきました。中国にとってみれば、ＧＤＰでは以前は「日本に追いつけ追い越せ」で、日本が目標だった時代もありましたが、２０１０年に既に日本を追い越し、現在では大きな差がついています。「ジャパン・アズ・ナンバーワン」と言われ、米国をはじめ世界中が日本型の経営を研究した時代もありましたが、日本経済はバブル崩壊以降、長い停滞からなかなか抜け出せず、成長分野では日本企業が米国や中国・韓国企業の後塵を拝する場面が多く見られます（図表４－１）。

中国は多くの学生が海外へ留学することでも知られますが、留学先としては近年では米国や欧州が人気であり、２０１６年の留学先国別人数では、米国が圧倒的に1位、オーストラリア、英国、カナダが続き、日本は5位となっています（図表４－２）。

しかし、先に紹介したような成功例にみられるように、日本にはまだまだ中国にないもの、中国にできないものが数多くあります。キユーピーの例でみたように、高いレベルの品質管理を継続して安定的に商品を供給する、というのは、やはり中国企業は依然として苦手であり、日本企業でなければ

図表4-1　「主要商品・サービスシェア調査」(2018年7月)における各市場の首位企業

順位	市場名	市場伸び率	首位企業名(国籍)
1	DRAM(情報・デバイス)	76.7%	サムスン電子(韓国)
2	油圧ショベル(機械)	52.6%	キャタピラー(米国)
3	NAND型フラッシュメモリー(情報・デバイス)	46.6%	サムスン電子(韓国)
4	監視カメラ(エレクトロニクス)	46.5%	ハイクビジョン(中国)
5	中小型有機ELパネル(情報・デバイス)	44.7%	サムスン電子(韓国)
6	ネット広告(ネット・エンタメ・通信)	43.6%	アクセンチュア(アイルランド)
7	半導体製造装置(情報・デバイス)	36.7%	アプライドマテリアルズ(米国)
8	クラウドサービス(情報・デバイス)	30.1%	アマゾン・ドット・コム(米国)
9	CMOSセンサー(情報・デバイス)	23.6%	ソニー(日本)
10	リチウムイオン電池向け絶縁体(素材)	22.8%	旭化成(日本)
15	産業車両(フォークリフトなど)(機械)	18.0%	豊田自動織機(日本)
16	中小型液晶パネル(情報・デバイス)	18.0%	ジャパンディスプレイ(日本)
18	マイコン(情報・デバイス)	13.5%	ルネサスエレクトロニクス(日本)
41	自動二輪(自動車)	4.3%	ホンダ(日本)
54	A3レーザー複写機・複合機(エレクトロニクス)	0.7%	リコー(日本)
64	タイヤ(自動車)	−5.7%	ブリヂストン(日本)
68	レンズ交換式カメラ(エレクトロニクス)	−9.9%	キヤノン(日本)
70	デジタルカメラ(エレクトロニクス)	−21.4%	キヤノン(日本)

注：市場伸び率が高い順に表示しており，網掛けは市場伸び率が30%以上の成長分野，市場伸び率9位以降の品目については日本企業が首位のもののみ抜粋。
出典：日経産業新聞「主要商品・サービスシェア調査」より筆者作成。

図表4-2　中国人の主要留学先国別人数

順位	国・地域	中国からの留学生人数
1	米国	328,547
2	オーストラリア	97,984
3	英国	94,995
4	カナダ	83,990
5	日本	74,921
6	韓国	66,672
7	ドイツ	30,259
8	フランス	28,043
9	ロシア	20,209
10	ニュージーランド	16,520

出典：IIE《Project Atlas, 2016》

できない領域があります。三菱電機の例でみた、現場密着、ボトムアップでの効率化、「カイゼン」活動も、中国企業は苦手のようです。

『スッキリ中国論―スジの日本、量の中国』（日経ＢＰ社、２０１８年）で著者・田中信彦氏は、中国人は「仕組み化」が圧倒的に苦手である、と指摘します。苦手というより本質的な思考方式に関わるもので、「仕組み化」をそもそも軽視している、しかしそれが大きな弱みになっていると断じています。

「中国企業、特に製造業に今最も必要なのは、長い視野の取り組みで技術力を向上させ、企業内に組織能力を蓄積していくことである。しかし（中略）その道はなかなか険しいものであろうと判断せざるをえない」（同書１９３ページ）。

同氏はまた、一時は「新四大発明のひとつ」とまでもてはやされながら、急失速した中国のシェア自転車サービスにも触れています。中国人起業家たちは投資ビジネスには非常に強く、一時期は５０００億円もの資金確保に成功しましたが、自転車回収やデポジットの資金管理など、現場での日々の仕事、地道なオペレーションの構築を軽視し、放置自転車や利用者のクレーム殺到など様々な問題を噴出させ、投資資金が急減し経営が急速に悪化しました。「仕組み化」が苦手な中国人の思考方式が、先進的なビジネス方式にもかかわらず、同ビジネスを急失速させた、としています。

こうしてみると、中国人にも中国社会にも、まだまだ足りないものが多くあることがみえてきます。同氏によれば「仕組み化」こそ日本人が最も得意とするところであり、中国で圧倒的に不足しているもののようです。こうしたところに今後、日本人・日本企業が中国ビジネスで成功する重要なヒントが隠されていると考えます。

2　良い支援者を探すよりも支援者を「うまく使う」

(1)「良いパートナーがみつかった」の落とし穴

日本企業の中国進出理由

私が中国へ赴任した２００６年頃は、２０００年代前半の進出ブームがそろそろ落ち着き始めたころでしたが、大手企業でもまだ中国へ進出しておらず、これから初めて進出するので相談に乗ってほしい、という依頼を頂く例がみられました。そのような中にときどき、「中国政府の監督機関に顔の利く、大変良い中国人パートナーを紹介してもらうことができたので、進出することにした」といった、「良いパートナーがみつかったので進出する」というパターンがありました。進出ブームの中で多くの日本企業が中国各地に進出していましたが、いざ進出するとなると、法人設立や営業のための許認可取得などで難航する例が非常に多く、そういう意味で今以上に「中国進出は難しい」という認識が広がっていました。中国では人脈がものを言う、ということも当時からよく言われており、その観点もあり、「良いパートナーがみつかったので進出する」という考え方も、当時は違和感なく受け止めていました。

また別のパターンでは、「中国の地方政府から熱心に誘致されたので進出を決めた」という例もありました。当時から中国の地方政府（省や直轄市）は互いに経済発展競争、ＧＤＰ競争を展開しており、地域の経済発展への貢献が期待される、日本などの外国資本の誘致を各地方政府が熱心に進めていたのです。２００６年には既に大連市（遼寧省）、天津市、青島市（山東省）、上海市、広州市（広東省）など、中国全国に49ヶ所もの「経済技術開発区」が設置され、税制やインフラ利用に関する優遇措置を提供することにより、熱心に外資企業の誘致に取り組んでいました。

「良いパートナーがみつかったので」「誘致されたので」進出する、というのは多くの企業が中国進出に取り組んでいた当時は違和感がありませんでしたが、冷静に考えるとある観点が抜け落ちていることにお気付きいただけると思います。自社としての経営戦略です。もっと簡単に言えば、自社は中国で何を目指すのか、何を目標とするのか、という点です。

失礼な言い方となっているかも知れません。恐らく当時私がお聞きした、「良いパートナーがみつかったので」と発言された企業は、当然、そういった戦略を明確に策定した上で進出していたのかも知れません。しかし当時、多くの中国進出日系企業の経営者の方々にお会いする中で、明確なビジョンをお持ちの経営者がある中、外部からみる限り「何を目指しているのかがわからない」と感じる例があったのも事実でした。「良いパートナーがみつかったので」「誘致されたので」は正にその例です。他にも大きい会社だと「会社命令なので」という人もいました。

自社としての進出目的の明確化が重要

中国進出における許認可取得や政府機関との交渉が困難であることは間違いありません。それらを円滑に進めるために、現地、中国人のパートナーや支援者が有用であることも事実です。さらに地方政府が提供する様々な優遇措置や有利な条件は、ビジネスを進める上で非常に重要な要素となります。しかしだからといって、自社としての進出目的は特にない、ということはあり得ません。本来の順序は違うはずなのです。自社としての経営戦略があり、中国へ進出する目的がある、そのうえで「パートナー」を探したり、優遇措置を提供する「地方政府」を探したりするのです。もし仮に、先にパートナーがみつかったとしても、後付けでも良いので、自社は何のために進出するのかを考え、明確に認識しておくことが重要です。

「良いパートナー」というのには時々、落とし穴があります。期待した中国人パートナーの人脈や支援が、実は十分でないとか、効果がなかったことが後でわかる、ということが時としてあるのです。その中国人に悪意がなかった場合でも、人脈というのは効果が不確実なものであり、移ろいやすいものです。ある時期までは効果があったが、例えば政府有力者が交代することによって効果がなくなる、ということが往々にしてあります。地方政府の優遇策も同様です。地方政府の方針が突然変わり、日系企業が工場を建設し操業を開始した後にもかかわらず、「住宅建設をするので立ち退いてほしい」と言われ、立ち退かざるを得なくなった、という例をお聞きになったことがあると思います。２００８年前後は、進出ブームの頃に提供された外資優遇策が次々と廃止され、多くの企業が経営へ甚大な影響を被りました。このように「良いパートナー」「優遇策」がなくなったとき、自社としての進出目的が何もなければ、撤退するしかなくなります。まずは自社としての経営戦略を持つことが、非常に重要であることを常に認識しておいてください。

繰り返しになりますが、現地のパートナーや支援者を確保すること、地方政府と交渉し、より良い条件を引き出すことは非常に重要です。しかしそれだけに依存するのではなく、自社としての進出目的は何か、を明確に意識・認識することが、ビジネスを成功に導く上で非常に重要なのです。自社としての進出目的を常に意識し、その手段として、パートナーや優遇策を活用する、という考え方をもつことが、中国ビジネスの成功には不可欠です。

(2)「中国人に全て奪われた」中国起業事件簿

中国の日本料理店で聞いた話

中国では日本料理店が人気で、現在も増え続けています。中国資本の店もありますが、日本人が立ち上げ、経営している店も多くあります。こうした店で以前、日本人経営者から、中国人に誘われて会社を設立したが、知らない間に名義を全て中国人側に変えられて、お金も会社も奪われた、自分自身も解雇され、ビザが取れなくなったので、日本へ帰国しなくてはいけない、という話を聞きました。前述のとおり、中国における会社設立、認可取得などの手続きは複雑であり、かつ政府機関窓口によって対応が違うなど、不透明な部分が多くあります。政府機関であってもいわゆる「袖の下」を要求されるケースが依然として散見されるなど、外国人が単独で手続きを行うのは大変です。さらに飲食店の場合は物件確保、店舗の実地審査への対応、原材料の仕入れルート確保など、現地のパートナーがいないと難しいと言われる部分が多くあります。そうした事情から、中国人から「煩雑な手続きは全てこちらでやっておく」と言われ、信用して相手に任せて会社を設立したところ、あるタイミングで追い出されてしまった、という事例でした。飲食店でなくても、中国人に誘われて中国に共同で会社を設立したところ、5年で退職金が全てなくなったとか、何もかも奪われた、といった事例は、残念ながら後を絶ちません。

こうした事例から言える教訓としては、良い支援者、パートナーを探すことは当然なのですが、それよりも重要な点があります。現地の中国人パートナーを頼る場合であっても、全面的に依存してはいけない、ということです。許認可取得など様々な手続きを代行してもらう場合であっても、しっかりと内容を理解し、書類などは正本を自分の目で確認すること、おかしいと思う点があれば説明を求めること、できれば「セカンドオピニオン」を取れる支援者を確保しておくことです。「セカンドオピニオン」を聞くことができなければ、いずれにしてもパートナーに言いくるめられてしまう場合も多いのです。飽くまで、自身が中国でビジネスを行う目的は何かを常に意識し、その目的のために相手を活用する、「使う」という意識が重要となります。

(3) 弁護士・コンサルタントなど外部専門家の活用と限界

外部専門家の活用が必要

中国でビジネスを立ち上げる場合、まずは事前に様々な情報を収集し、どういう形態でどういうビジネスを展開できるか、という調査・検討が必要になります。その上で、中国に会社を設立し、各種必要な許認可・登記を取得し、ビジネスを立ち上げることとなります。例に挙げた飲食業の場合はさらに、店舗を開く物件を探したり、内装工事をしたり、仕入れルートを確保したり、といったことが並行して必要となります。この過程では、最適な進出形態検討のための様々な相談に乗る進出支援コンサルタント、設立や許認可等の手続きを代行する専門支援業者などを活用するのが一般的です。

図表4-3　税務・法務・労務上の検討課題（例）

税務	法務	労務
・貿易関連税務 ・ライセンス契約の税務 ・子会社取引の税務 ・源泉課税 ・PE（恒久的施設）課税 ・出向者等の個人所得税 ・増値税	・独占禁止法対応 ・商業賄賂防止 ・土地・工場建設の法務 ・環境保護規制対応 ・製品品質・製造物責任 ・債権回収 ・商業秘密保護 ・個人情報保護 ・サイバーセキュリティ法	・従業員募集・採用 ・派遣社員の活用・停止 ・労働契約関連 ・就業規則作成・変更 ・人事評価 ・人材育成 ・労働契約解除・終了 ・労働紛争対応

また開業してからも、ビジネスを進める上で発生する税務・法務・労務上の様々な問題・トラブルを解決する上で、弁護士・法律事務所や会計事務所、コンサルタントなどを活用する場面が多くなってきます。

こうした外部専門家を活用するためには、当然ながらコストが掛かるわけですが、中国ビジネスの経験から申し上げると、こうした外部専門家への相談はできるだけ早い段階でする方が良く、あまりコストを節約しようと考えない方が良い場合が多くあります。中国ビジネスにおける許認可取得過程やビジネス立ち上げ期の様々な問題・トラブルは、日本のビジネスに慣れている人からすれば、予想を大きく上回る頻度で多種多様なトラブルが次から次へと起きてきます。中国はこれまでみたとおり多くの日本企業が進出している国ですので、既にそういったトラブルを、身をもって体験した企業がたくさんあり、それらの解決に一緒に頭を悩ませ、乗り越えてきた外部専門家がいるはずなのです。彼らをみつけ、活用することができれば、ビジネスの立ち上げを大変効率的かつ効果的に進めることが期待できるのです。

外部専門家の限界

一方で、こうした外部専門家については一定の限界があることもよく理解しておく必要があります。外部専門家は、何でもかんでも「代わりにやる」ことはできない、という点です。例えば人脈の構築が挙げられます。許認可取得などの手続きを代行する業者は、許認可審査を担当する当該地方政府の担当部局に「顔が利く」ことをアピールポイントにしている場合があり、この場合はこの業者の人脈をレンタルで利用していることになります。しかし、より良いのは自ら担当部局と関係を作り、人脈を作ることなのです。そうしておけば、許認可の変更などが必要になった場合でも、よりスムーズに対応ができる可能性があります。設立時にしかやり取りのない部局であれば現実的でないかも知れませんが、中国進出日系企業の中には、監督官庁や事業運営と関連の深い政府部局などに定期的にトップが訪問し、政府関係者と関係を構築しているところが多くあります。そうした平常時からの政府部局との関係構築の努力が、「人治」から「法治」へ移行していると言われる現代の中国においても、依然として重要な意味を持ちます。

法律の解釈権は誰にあるか

さらに外部専門家の限界として理解が必要でありかつ重要な点は、中国の法律は実質的に、全て政府側に最終的な解釈権がある、という点です。これは「国民主権」である日本の政治体制と、「民主集中制」と呼ばれる中央集権主義を憲法で謳う中国の政治体制の根本的な違いに起因するとされます。この点から、弁護士による弁護士見解は、日本と中国で意味合いが大きく違います。日本では弁護士が「弁護士見解」を出せば、例えば裁判ではそれが考慮され、判断の材料にされます。中国では「弁護士見解」は飽くまで各種法令と判例、政府当局の運用実態や過去の刑事・行政処罰の実例などから、「こうした方が／しない方が良い」というリスク評価判断であり、絶対なものでも、効力のあるものでもありません。最終的にはその地域のその分野を統括する政府部局が、ある意味絶対的な権限を持ち、当局の決定が弁護士などの専門家によって覆されることは基本的にありません。

税務においても同じであり、税務コンサルタントがどう言うか、というより、実際に担当部局がどう解釈するかが非常に重要なのが中国です。この点は非常に重要な点ですので、よく認識しておく必要があります。

日本人には「中国は日本より法律などの制度が緩い」というイメージを持っている人が多いようです。これは運用実態として一部では正しい面もあるのですが、実際には間違っています。中国の法令の数は、「地方性規則」といわれる地方条例や「部門規章」という政府各部門が定める規則なども含めると4万以上に及び、先進国が保有する主要法令は全て整備しているのみならず、非常に詳細な法令群が整備されています。法律の内容も、例えば贈収賄を規制する「不正競争防止法」では、日本では明確に規制されていない民間同士の利益供与を「商業賄賂」として規制しています。消費者の権利保護のための製造物責任関連の法令も日本よりも早くから整備され、より事業者に対する責任を厳しく求める内容となっています。工場などの排気・排水・騒音などに対する環境規制は年々厳格化の傾向にあり、指標によっては日本以上に厳しい規制となっており、日系企業の負担となっています。

法律によっては、取締りを行う行政機関の体制整備が法令整備のスピードに追いつかず、実効的な運用となっていない場合もありますが、気を付けなくてはいけないのは、例えば中央政府から取締り強化の指示が出ると、全国一斉に摘発が強化されることがある点です。今まで違反していたことに気付かず、政府機関からも何の指摘もなかったのに、ある時突然違反を指摘され、高額な罰金を請求されたり、工場の設備の大規模な改修を指示されたり、といったことが起きています。このような場合は、指摘された企業側にほとんど反論の余地はありません。罰金の支払いを拒否するなど抵抗すれば、法律の規定に基づき、許認可はく奪や最悪の場合、営業停止、トップの国外退去という処置を受ける可能性もあるのです。

中国は政府機関が大変強い権限を握る国です。ビジネスを行う上でこの点は決して忘れてはいけません。中国法令を甘く見ることなく、その怖さを十分知り、「裏口」「裏技」でメリットを享受しようとするような行為は非常にリスクが大きいということを理解しておくことが非常に重要です。

3　説得するより「仲間」を増やすことの大切さ

(1)「任地を愛する」ことがなぜ大切か

中国によくいる「任地を愛せない」駐在員

「任地を愛せよ」…東京海上グループでは地方や海外に転勤で赴任する際に上司から言われるのが、この言葉です。中国ビジネスを考える上では、この言葉が重要な意味を持ちます。なぜならこれまでみたとおり、中国に対しては日本国内ではネガティブなイメージが大変強いからです。

近年、企業の従業員では、中国への派遣を喜べない、受け入れられない、という例が増えてきているようです。受け入れられない、しかし社内事情でやむなく赴任する、という例もあるようです。

「任地を愛せよ」など到底無理、と思っても仕方がないかも知れません。

それでも、現地のビジネスをうまく進めたいのであれば、まず大前提として「任地を愛する」ことが求められます。つまりこの場合、選択肢は2つあるのです。

「任地を愛せよ」を拒否して喜べない気持ちのままビジネスを進めるか。

ビジネスを円滑に進めるためと割り切って、あるいは観念して「任地を愛する」努力を始めるか。

それでは、もし任地を愛することができないと、一体どうなるのでしょうか？

実際に中国には、任地を愛せない駐在員という例が散見されます。現地が嫌で嫌でしょうがない。そうした人は、なぜ私が中国に来なければいけなかったのか、なぜ会社は他の人間にしてくれなかったのだろうか、と悩み続けます。いつも不機嫌な顔で、必要な人以外とは一切口を利かない、コミュニケーションを取りません。

こういう日本人を、現地の中国人はどう思うでしょうか？　協力してあげたい、助けたい、と思うでしょうか？　思うはずがないのです。私が中国にいた当時、ある大企業の数千人規模の工場を持つ現地法人の社長で、こういうタイプの人がいました。常日頃、「中国人は信用できない」「中国人は嫌いだ」と公言し、普段は社長室にこもるか日本人としか話をしない、食事も全て自分専用の食堂で食べる、大勢いる現地社員とほとんど接しない、こういう人でした。社長がそうだからでしょうか、その会社では様々な事件・事故が多発していました。小火《ぼや》騒ぎや、社内での盗難騒ぎなどが繰り返し起きていました。問題が起き、それを社長に報告しても、社長からは何の具体的な指示も出てこないそうです。中国人社員の方々も本当に困っていました。そして、優秀な幹部社員が1人、また1人と退職していきました。結局は事態を重くみた本社が、社長を交代させることにしました。

任地を愛せない日本人、というのは、現地社員にとっても困りますが、最終的には日本人本人が相応の不利益を被ることになります。

中国人は日本人をよく観察している

中国人は人の本質を見抜くのに、非常に鋭い感覚を持っています。多くの中国人社員を部下に持つ、企業の駐在員であればなおさら厳しい評価にさらされます。『中国人のやる気はこうして引き出せ』の塙氏は「上から5年、下から1日」と書いています。言葉のわからない日本人駐在員が中国人の部下を理解し掌握するのには5年程度かかるかも知れないが、中国人社員が上司の日本人の本質を把握するまでは1日しかかからない、ということだそうです。実際にある日系企業では日本人社長が何をするにも日本本社に伺いを立て、自分では何も決められない様子をみて、部下の中国人が失望し、次々会社を辞めていった、という事例を紹介しています。

私は以前、中国進出日系企業の社長や管理部長から直接話を聞く機会が多くありました。不当解雇を訴える元従業員との紛争、退職従業員による顧客名簿の持ち出し、社員による不正行為など、様々な労務関連のトラブルをお聞きするなかで、ある日系企業の部長に、「一番悩ましい問題は何ですか？」と聞いたところ、その人は「何といっても一番悩んでいるのは、中国人社員のやる気、モチベーションです」と教えてくれました。様々な紛争やトラブルは、発生すれば中国人の人事部長とともに、顧問の法律事務所に相談し、打てる手を打ち対処していくしかないし、悩んでも仕方がない。しかし、大勢いる中国人社員が、どの社員も話を聞くと、仕事に対する意欲がなく、勉強もしない、それでいて口を開けば不満ばかりで、給与や待遇の改善ばかり要求してくる、とのことでした。

中国進出日系企業では、これまでも書いたとおり、社長や幹部は日本人、という例が依然として多数あります。このような会社の日本人社長は通常、3～5年で交代する例が多いので、部下として働く中国人社員たちも「この人もどうせ5年くらいで交代するんだな」と最初から理解しています。5年も経てばまた違う人が本社から送り込まれてきて、方針や仕事のやり方もガラッと変わる。それならば、5年の間、できるだけ「前例踏襲」で大きな変更を行わず、今までどおり、できるだけ無理せず楽に働いた方が良い。中国人たちは非常に合理的なので、そう判断します。日本人からみれば「やる気がない」とみえる行動も、中国人からすれば合理的な判断の結果なのです。

それではいけないと考えたある日系企業の社長は、中国語の猛勉強を始めたそうです。これまでは自身も「いずれ帰るから」と言葉は通訳任せで、中国語を勉強する気はなかった、でも中国人社員にモチベーションを持ってもらうには、まず自身がこの地に骨を埋めるくらいの覚悟が必要、と考えたそうです。実は中国語の勉強をしているかというのは、中国人が私たち日本人をみるときの、大きな試金石になっていると感じています。中国人たちは、日本人が中国語を勉強すると大変嬉しそうにします。そして上達し、中国語を使ったりすると、これまた大変喜んでくれます。中国語は発音が難しく、習得はそれなりに大変です。しかし仕事をしながら時間を作って中国語を勉強する、ということは、それをしない人に比べて、中国を大切に考えていることを示すことになるのだと思います。

私自身、中国にいた頃は、あまり熱心とは言えませんでしたが中国語を勉強していました。何より、中国語の文章やインターネットサイト、法律の条文などは、できるだけ辞書片手に読むようにしていました。私が中国語を勉強している姿をみると、当時の部下だった中国人社員たちはなぜか嬉しそうにしてくれました。私自身、実は彼らの仕事に対する強い熱意に助けられたことが何度もあります。私自身は結局、中国に骨を埋めることはなく、5年で帰任してしまいましたが、私が在任中は、それなりに私の熱意を感じ、中国人社員たちは熱意を返してくれていたと思うと、本当に胸が熱くなります。

「任地を愛する」ことは、中国語を勉強することだけではなく、どんなことでも実践できます。まずは中国に興味を持ち、中国のことを知ることが大切だと思います。中国人社員のモチベーションをいかに高めるか、は非常に重い課題ですが、まずは「任地を愛する」ことがそのための第一歩になる、ということをここでは押さえていただきたいと思います。

(2) 人事労務管理は全駐在員で取り組むべし

中国「労務研究会」が導き出した結論

中国進出日系企業において、人事労務管理は最も悩ましくかつ重要な問題です。「事業は人なり」とはパナソニックの創業者・松下幸之助氏の言葉です。すなわち、どのような規模のビジネスであっても、適切な人を集め、育て、活躍してもらわない限り、発展はないのです。多くの人を雇用するビジネスであれば、これは「人事労務管理」のテーマであり、少人数の会社であれば、従業員のみならず様々な支援者などの「仲間」をいかに得て、発展していくか、ということになります。あらゆる規模のビジネスに、人事労務管理の考え方は応用できる部分があり、参考にしていくべきだと考えています。

私たちは中国にいた頃、取引先企業のメンバー数人で「労務研究会」という勉強会を立ち上げたことがありました。メンバーはいずれも日本の大手有名企業の中国現地法人の人事責任者や経営幹部でした。メンバー企業の大きいところはグループで中国人社員数が1万人を超えていました。研究会を立ち上げることとなった直接のきっかけは、当時、労務管理に関する抜本的な法改正が控えていたことだったのですが、「法令対応に限らず、悩みを共有し解決策を議論したいテーマがいくつかある」ということで、研究会開催に至ったのでした。

労務研究会でメンバーから挙がった、三大「困ったこと」は、既に挙がった「中国人社員のやる気、モチベーション」、頻繁に転職を繰り返す「ジョブホッピング」、必要な人材が思うように育たないという「教育・育成」でした。「やる気、モチベーション」は既にみましたが、いずれの会社でも多かれ少なかれ悩んでいる、根の深い問題でした。「ジョブホッピング」はこれまた、日系企業の間では古くから問題視されているものです。技能・経験を身に付けるため、またはより高い賃金・待遇を手に入れるため、転職を繰り返す行動を指します。ただこれもよく詳しく話を聞いていくと、中国人社員が転職をする理由は様々でした。

例えば、あるメンバーが披露した事例は、やはり日本人社長の交代に関するものでした。ある現地法人の日本人社長は、中国人社員からも慕われ、一定の業績を残し、本社からの指示で帰任することとなりました。後任の日本人社長が本社から派遣されてきましたが、この後任社長は、前任社長が決めた方針・ルールを全て白紙に戻し、新たな方針・ルールで会社を運営し始めました。戸惑った中国人社員たちは、社長の側近など、幹部から順番に次々と会社を去って行ってしまいました。日本国内でも責任者ポストの交代において、前任者のやり方を否定する例がよくみられますが、中国で同じことをやってしまった結果、中国人社員が失望し、会社を去ってしまったのでした。

また別の事例は、これも日本人社長に関するものでした。日本人社長が何かというと中国と日本を比較し「日本ではこうだった」ということを中国人社員に言います。それがいつも「なぜ中国は日本のようにできないのか、日本を見倣うことができないのか」という内容だそうです。また同じ会社の別の駐在員が「中国の物価が驚くほど安い」ということを大声で別の日本人に話します。それが中国人社員たちからすると馬鹿にされているように感じ気に障る、ということがありました。そういったことを繰り返していたところ、ある時期から、中国人幹部や社員たちが、経営層の方針にことごとく反発するようになってきたそうです。社内が険悪な状況になったため、グループ本社からも人が派遣され、双方の言い分を徹底的に聞いたところ、上のような様々な日本人の言動に中国人社員たちが長い間、強い不満を貯めており、既にその頃には修復不可能なほど、日本人駐在員に対して強い不信感を持つようになっていた、ということでした。

こういう例や様々な日系企業の事例を収集し、「こういう事態は何が原因だったのか」「どうすれば避けられたのか」「自分たちはどう手を打っている」「どうしたらうまく対処できた」といった経験談や情報を交換しました。

数ヶ月の議論の結果、研究会メンバーが導いた結論は次のとおりでした。

〈ポイント1：多くの労務問題の根源は日本人問題である〉

先に挙げた「やる気、モチベーション」「ジョブホッピング」「教育・育成」などの問題の根源的原因を追求していくと、どれも日本人駐在員の言動や業務に対する姿勢に、問題の大きな原因があることが多い、と結論付けました。中国人社員のモチベーションに最も大きな影響を与えるのは、やはり経営トップの意識であり、リーダーシップであり、社内に対する細やかな目配りです。また幹部や各部門長を務めることが多い日本人の言動も、中国人社員のモチベーションを大きく左右します。この観点で、まずは日本人駐在員全員が中国人からどうみられているかを理解し、自らの行動を正していくことが必要です。

〈ポイント2：日本人駐在員全員体制で労務問題に取り組むべきである〉

メンバーの会社はいずれも日本人駐在員が複数いて、社長、副社長、管理部長というように、それぞれの役職を任命されていました。こういう会社では「労務問題は管理部長」というように特定の日本人駐在員に労務問題への対応を押し付ける場合がみられます。しかし労務問題は部門に関係なく会社全体のあり方に関わる重要なテーマですので、日本人駐在員は、役職や部門に関係なく全員が労務問題に関心を持ち、労務問題に取り組むことが大切である、と結論付けました。労務問題への対応としては、採用や規程・規則の整備、人事評価の仕組み整備と運用、福利厚生制度、教育・研修など、様々なテーマがありますが、特に幹部や主要な社員の採用や人事評価、教育・研修などの面では、管理部長だけでなく、社長以下全員の日本人駐在員が関与し、意見交換し、方針・対応を決め、実行していくことが重要です。

〈ポイント3：日本人駐在員が「教育者」という姿勢をもつことが労務管理の要諦〉

日本人駐在員の仕事のあり方についても議論をした結果、日本人駐在員は現地法人を日本本社の子会社として立ち上げ、成長させるため、「自社が中国で仕事をする意義」を明確に意識し、自社の存在意義であり「ＤＮＡ」ともいうべき「経営理念」を現地法人の中国人社員たちの心に植え付け、根付かせる役割を担うべきではないか、と話し合いました。その結果、日本人駐在員は全員が「理念の伝道者」として、「教育者」としての姿勢を持ち、中国人社員と日頃から接するべきで、これこそが適切な労務管理の要諦である、と考えました。

なぜ私たちがこちらのような結論に至ったのか、なぜこう考えたかはもう少し説明が必要かも知れませんが、ここでは紙面の都合もあるので、割愛します。ここで申し上げたいのは、当時の私たちは、日々、中国人の労務管理で深刻な悩みを抱えていたこと、そしてそれらの悩みは、弁護士や当局に相談する、制度を変える、といった表面的な対応では、根本的には解決できない、非常に根深いものであることを感じていた、ということです。こちらについても別の機会があれば、詳しく解説していきたいと思います。

「労務研究会」は1年間の議論を経てたどり着いた結論を、全員で分担執筆して1つの冊子にまとめました。『中国におけるＤＮＡ養成【日系企業労務管理マニュアル】』というタイトルでした。これを多くの日系企業に無償で配布するとともに、上海の日系企業から２００名程度を集めて、セミナーを実施し、その中で研究会メンバーによるパネルディスカッションを実施しました。このセミナーは大変な反響があり、多くの参加者に喜んでもらうことができました。

ここで改めて強調しておきたいのは、中国人のモチベーションが上がらない、ジョブホッピングに対処できない、人が育たない、といった中国日系企業の労務管理上の「難題」といわれている課題にも解決策はある、ということです。そしてその解決には、日本人駐在員全員が一致団結して労務管理に取り組むなどの、それなりの覚悟と努力が必要であることとです。

この話には後日談があります。私たちが提唱した「ＤＮＡ養成」は日系企業経営者・駐在員から多くの反響、支持をいただいたのですが、大きな盲点があったようです。それは、「駐在員は交代する」ということでした。日本人駐在員が「経営理念の伝道者」となり、中国人社員に理念を伝え、教育・育成をする、これは実際にうまくいく例がありました。日本企業の精神を理解し、それを体現しようとする中国人幹部が育った例もありました。しかしそれは時間がかかりますし、外からみれば

「何を非効率、不合理なことをしているのか」とみられがちなのです。現地法人のトップや駐在員が交代すると、その努力や精神が理解されず、元に戻ってしまう、ということが多くの企業で起きています。ではどうすれば良いのでしょうか？　この問題については一応の対処法があり後述します。

(3) 説得するより「仲間」を増やす

「日本流を押し付けないで」と言われたらどうするか

中国進出日系企業の日本人駐在員と部下の中国人社員の間にはトラブルが絶えません。先の「労務研究会」ではメンバーの様々な経験談をもとに、多種多様なトラブルへの対処法を検討しました。その中で、いわゆる「中国人社員あるある」と言われたのが、「ここは中国なのだから、日本流を押し付けないでほしい」と反発される、というものでした。

ある会社では中国人社員が、始業時刻間際に何人も一斉に駆け込んできます。当然、そのうち1人2人は必ず遅刻します。日本人駐在員が何度注意しても、「遅れていない」と主張し、改まりません。

別の会社では上司の指示を聞くときに、中国人社員が一切メモをとりません。時間や場所、書類の番号などかなり入り組んだことを細かく指示して、「大丈夫？　ちゃんとわかった？」と聞くと、「没問題（メイウェンティ、「問題ない」）」と言われますが、結局、細かいところがたくさん間違っている、ということがよくあります。

例えば会議やイベントを開催する場合、当日までの準備についてスケジュールや準備事項、資材などを全部書き出して、計画するようにと指示しても、なかなか期待したような計画書ができあがらない、といったことがあったりします。何度修正を指示しても、日本人が期待するような、細かいスケジュール表やチェックリストのようなものができ上がりません。

こんなとき、どう対処すれば良いのでしょうか？　まずは、なぜ会社に早く来るべきなのか、なぜメモを取る必要があるのか、なぜ詳細なスケジュール表やチェックリストを作らなくてはいけないのか、を説明し、期待するような行動を促すことが考えられます。

しかしそのようなやり取りの中で、中国人社員が真剣に訴えてくるのが、前述したセリフです。「ここは中国なのだから、日本流を押し付けないでほしい」。

労務研究会では、これにどう反論、または対応するのが正しいのか、が議論になりました。確かに中国人社員の言い分は一理あります。後述する文化の違いを考慮するとなおさらです。

ちなみに、このような場面で、日本人駐在員が頭に血が上ってしまい、怒鳴ってしまう、もしくは手を出してしまう、というケースが散見されます。過去から、日本人駐在員が中国人社員を殴ってしまい、中国人社員全員による猛烈な抗議デモやストライキに発展したという事件が後を絶ちません。古くは大手製造業や金融機関の現地法人でニュースになった事例があります。文化の違いに対するストレスや、心の奥底にある優越意識など、事件の要因は様々かも知れませんが、くれぐれも感情的にならないよう、注意しなくてはならないのは言うまでもありません。

結論としては、まず譲れるものは譲ることです。確かに全てが全て、日本人、日本企業と一緒でなくてはいけない、ということはありません。出社が毎日始業時間ぎりぎりでも、業務に支障がなければ容認する、ということは考えられます。

一方、中には会社として譲れないものもあるはずです。例えばメモを取らないことによって業務のミスが多発することが、「信頼」をモットーとする自社の経営理念を損なうことになる、という場合、会社の「経営理念」を守るために重要な行動であることを説明して納得してもらう必要があります。もちろんそれでも抵抗があるかも知れません。しかしもしメモを取ることが自社の経営理念を守るうえで重要なものであれば、時間を掛けて説得し、改善を促していくべきです。確かに何でもかんでも「日本人と同じになれ」と要求すれば中国人社員は反発するでしょう。しかし譲るところは譲り、「ここは譲れない」という部分は改善を促す、というようにメリハリを付けた指導を行っていけば、受け入れやすいはずです。

そしてここでさらに重要なのは、上のような考え方の違いを含めて、中国人社員としっかりコミュニケーションを取ることである、となりました。日本人駐在員は中国語ができない人が多くいます。中国人社員も多くの場合、日本語はできませんし、英語もできない例が多いです。そうなるとコミュニケーションは通訳を介するか、筆談や翻訳アプリなどを介する以外ありません。こうなると面倒なので、相手の行動の意味や意図がわからなくても放置することがよくあります。しかしそれがお互いに、不満や不信感を増幅していき、最終的には修復不可能な状況になることも少なくありません。

そうなる前に、通訳を介してでもよいので、何が不満か、どうしたいか、こちらはどう思っているかなどをできるだけじっくりと話し合うべきです。日本人駐在員には「中国人と話してもわかり合えない」と言う人も多くいます。確かにわかり合えないことが多いです。しかしだからと言ってあきらめてはいけません。話をし、コミュニケーションをとり、共通点や共感できる点がないか、探す努力を続けていくべきだと思います。これは日本人同士でも同じですが、こちらが真心でわかり合う努力をしていくと、必ず応えてくれる中国人社員が出てきます。後述しますが、中国人は、世界の人々の中では、信頼関係の構築と言う観点ではアメリカ人より日本人に似ているそうです。つまり、食事を一緒にしたり、語り合ったり、という時間をともにすることで、信頼関係が構築される傾向にあります。こうして構築された信頼関係は大変な効果をもたらします。結局、最後の最後に、中国でビジネスをする日本人を助けてくれるのは、信頼関係を築いた中国人なのです。

「仲間」を増やすことの大切さ

この節では、説得するより「仲間」を増やす、として、「任地を愛する」ことの大切さと人事労務管理の大切さの話をしてきました。日本人が中国ビジネスをする際、中国人のパートナーや中国人社員を「単なる仕事の関係」とみる傾向があります。そのため、「とにかく頼んだことをそのとおりに期待するようにやってほしい」と考え、そればかりを求めることがよくあります。つまり「説得しようとする」のです。こうして欲しいと要求し、そのとおりにならなければ、何とか相手を思いどおりにしようと説得を試みます。

しかしここに落とし穴があります。期待することをやってほしい、と考えれば考えるほど、相手はそのとおりには動きません。期待していた中堅社員があるとき突然、「ジョブホッピング」で転職していきます。依頼した業務を中国人が「状況が変わったので」とそのとおりに行わず、簡単に変更してしまいます。そのたびに多くの日本人は激怒し、「だから中国人は」と嘆き、中国人を責めます。しかしその繰り返しではいつまで経っても日本人の期待する方向に物事は進まないのです。

なぜ中国人がそう考えたのか、その考え方は容認できるものか、もしくは自身として譲れないものなのか。さらにはもし譲れないものなら、何のためにそれをやるべきなのか。日本人はそれをしっかり中国人と話し合い、コミュニケーションを取っていくべきなのです。結果として元通り、日本人の期待したとおりにはならないかも知れない。しかしそれでも良いのです。なぜなら、そういうコミュニケーションの努力がいずれは、中国人の「仲間」を作ることにつながっていくからです。

中国では私たちはどこまで行っても外国人です。中国人にしかわからない世界、中国人にしか知り得ない情報というのが必ずあるのです。そのような中ビジネスを進める上では、中国人の信頼、というのが多ければ多いほど、非常に重要な武器になるのです。この点を理解しているかどうかは、中国ビジネスの成否を分けると言っても過言ではないと思います。

「仲間」を増やすことは、現地以外でも良い結果をもたらすことがあります。私は２０１１年に日本に帰任し、以降は日本でリスクコンサルティングの仕事をしてきました。しかし帰任して以降も、実は色々な形で中国駐在時代の「仲間」に助けられることがありました。例えば、駐在時代の同僚が日本でも私の仕事を助けてくれることがありました。仕事上で中国語の情報収集などを行う必要があり、人材派遣会社に中国語の堪能な人の派遣を依頼したところ、私がいた中国現地法人の元現地社員が派遣されてきたのです。聞くと、彼女は日本人の夫の勤務の関係で日本に住むことになり、たまたま私たちの会社に派遣されることとなったのでした。私は中国駐在の際に、現地法人の現地社員向けのリスク勉強会の講師などを各支店で行っており、その勉強会で彼女は私のことを覚えていたのでした。それから2年ほどでしたが、彼女は私たちの会社の中国語関連の業務を強力にサポートしてくれました。

4　中国人を変えようとするより文化的な違いを理解し対処する

(1)　中国人を理解し、違いを乗り越える努力をする

日本人と中国人の文化的な違い

これまで、中国ビジネスにおいて最低限知っておくべきこととして、中国社会のニーズを察知すること、支援者をうまく使うこと、仲間を増やすこと、について述べてきました。最低限知っておくべ

きことの最後の項目としては、文化的な違いをどう乗り越えるかについて述べていきます。

改めて繰り返しますが、中国人は日本人と見た目は似ていますが中身は全く違います。日本国内で中国人の知り合いのいらっしゃる方は、うなずける部分があるかも知れません。例えば大学の同級生などに中国人留学生がいた、という人はその人の言動で疑問に思ったことがなかったか、思い浮かべてみると良いと思います。（ここでは中国生まれ、中国育ちの中国人を想定しています。生まれも育ちも日本という中国人は少し違うと思います。）

恐らくなぜこういう反応や行動をするのか、と驚いた経験が1つ2つあるのではないでしょうか？それでも日本へ来る中国人留学生は恐らく、日本に関心を持ち、日本語を勉強し、日本文化を理解しようとする人が多いので、あまり違和感はなかった、日本人とほとんど変わらなかった、という人もいるかも知れません。中国人留学生からすれば、日本人ばかりに囲まれると、「日本人とおなじように行動しなくては」という気持ちも働くと思われます。

中国でビジネスを展開する際、様々な中国人の力を借りることとなりますが、中国で出会う中国人は全く状況が異なります。中国人からみればこちらが「外国人」であり、完全にアウェーの中で仕事をすることになるからです。中国人の生の姿、本国にいる中国人を目の当たりにすることになります。

文化的な違いにどう対処するのか

私は中国に赴任して最初に気付いたのは、一般的に時間にルーズな人が多い、ということでした。赴任した当初は、住居の電球が切れたり、エアコンが止まったりと不具合が多かったので、修理を依頼することがたびたびありました。休日の午前中に修理業者に依頼すると「今から行く」というので、待っていたところ何時間経っても来ない、午後になり再度電話で聞くと「15時に行く」と言われ、結局来たのは17時近くだった、ということがありました。しかも中国人はきちんと謝りません。遅刻したことを指摘しても悪びれない。これは会社の同僚でもそうでした。最初はこうしたことが、腹が立って仕方がありませんでした。いちいち腹を立て、ストレスをためる、その繰り返しでした。

こうした、如何ともしがたいストレス源に対して、ほとんどの日本人駐在員が実践していると思われる対処法があります。すなわち「そういうものだと割り切る」ことです。修理業者は何時間も遅れてくるもの、というように最初から割り切ってしまえば、腹を立てる必要はないのです。これは１つの有効な対処法です。

しかし会社の同僚の中国人社員や、仕事上のパートナーの場合、どうでしょうか？　先に書いたように、何でもかんでも改善を求めるわけにはいきませんが、こちらも譲れない部分というのが必ずあります。よく話し合って、信頼関係を構築し、「仲間」を増やしていきましょう、という話をしました。しかし信頼関係を構築しても、こちらの思うとおりの結果にならないことがあるのです。これはどうすれば良いのでしょうか？

こうなってくると、中国人がなぜこういう行動をするのか、なぜこういう思考形式なのかを理解し、根本から対処する必要が出てくるのです。中国人の行動などを無理に変えようとするのではなく、彼らとの文化的な違いを理解し、対処していくことが必要なのです。

(2)『異文化理解力』に学ぶ文化的な違い

「カルチャー・マップ」でみる文化的な違い

フランスの著名なビジネススクールであるＩＮＳＥＡＤの客員教授エリン・メイヤー氏は著書『異文化理解力―相手と自分の真意がわかる　ビジネスパーソン必須の教養』（英治出版、２０１５年）の中で、各国の文化的傾向を８つの指標で評価した「カルチャー・マップ」を示しています。同氏によるとこれは文化的な違いに関する研究に加え、世界各地で仕事をするグローバルエグゼクティブの知恵や経験的解決策を反映したもので、主に海外で管理者として働く人が理解すべき文化的な違いを示したものです。以下ではまず、同書の中で語られる８つの指標のうち、日本人が中国人を部下に持つ場合に注意すべき指標について説明します。

注意すべき指標　その１「決断」

同書の中で、日本人と中国人が大きく異なるとしているのはまず「決断」という指標です。

図表4-4　「決断」の各国分布

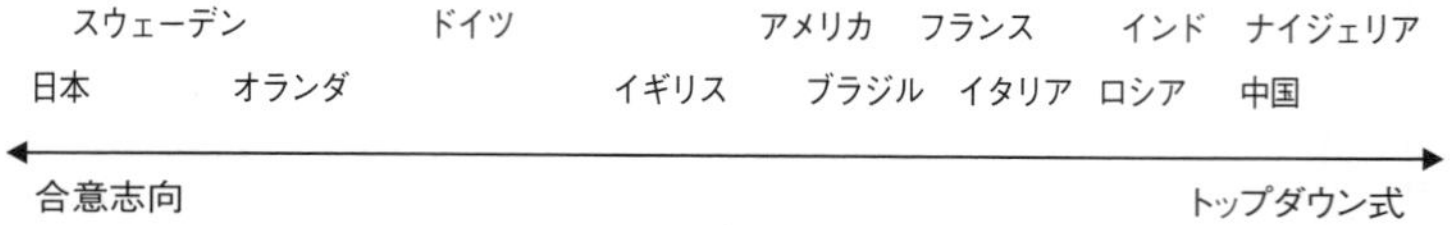

出典：『異文化理解力―相手と自分の真意がわかる　ビジネスパーソン必須の教養』（英治出版，2015年）

この指標は組織の中で誰がどのように意思決定を下すか、という傾向を示しており、日本は「合意志向」、中国は「トップダウン式」と評価しています。図表4-4でみると、その他の国々の評価も示されていますが、日本は世界で最も「合意志向」、中国も「トップダウン式」の最上位に近い位置にあり、両者が大きく掛け離れていることを示しています。

「合意志向」とは「決断は全員の合意の上グループでなされる」（同書）という傾向です。「トップダウン式」はその逆で、「決断は個人でなされる（たいていは上司がする）」（同書）という傾向です。

これを読んだとき、私はすぐに中国人社員たちの日本人管理者に対する不満を思い出しました。日系企業で中国人社員に日本人管理者の不満を聞いてみるとほとんどの社員が、「あの人は意思決定が遅い」「決められない」という日本人駐在員の意思決定に関する不満と、「方針や方向性を示さない」「リーダーシップがない」というリーダーシップに関する不満を挙げるのです。特に先に示した例のように、経営者がこう評価されると社員が退職する原因になるケースも多くみられました。経営者以外にも５～６人のチームでもこういう不満が出るのです。

当時はこのような不満を、「中国人は日本人の上司に対して、厳しい目を持っている」という程度にしか理解していなかったのですが、どうやら、中国人は文化的傾向として「トップダウン」がリーダーと組織の意思決定のあるべき姿であると考えているようです。

エリン・メイヤー氏は同書の中で、２つの意思決定方式のメリット、デメリットにも触れています。日本のような「合意志向」は組織の様々な階層から意見や情報を吸い上げ、それを意思決定に反映します。末端の社員からトップまで、全員が意思決定に参画し、それが「稟議システム」などで具体化されます。「稟議書」に様々な部署・階層の役職者が下から順番にハンコを押していく、あれです。だからこそ、一度意思決定が行われれば反論は出ません。決定を修正する必要などはなく、確固とした結論を出すことができるのです。しかしデメリットとしては決定までに膨大な時間を要します。一方、「トップダウン式」は個人が基本的に誰の意見も聞かずに決定するので、スピーディーで時機をとらえた決定が可能です。しかし他の意見を聞いていないがゆえに、もし知っていれば全く異なる判断となるような重要情報が後で判明するなどの事態が起きます。「トップダウン式」ではそのような場合には簡単に決定を覆すので、組織やトップとしての信頼を失うおそれがあります。いずれもメリット・デメリットがあり、どちらが優れていて、どちらが劣っているものではない、ということが強調されています。

注意すべき指標　その２「スケジューリング」

先に書いたとおり、日本人からみると中国人は時間にルーズと感じる場面が多いのですが、それは

図表4‐5　「スケジューリング」の各国分布

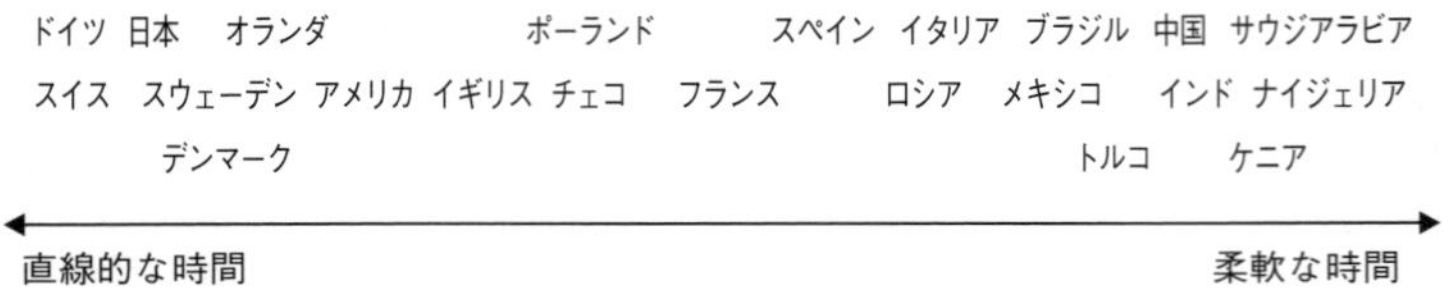

出典：『異文化理解力―相手と自分の真意がわかる　ビジネスパーソン必須の教養』（英治出版，2015年）

両者が、「スケジューリング」と呼ばれる指標で、大きく異なる文化的傾向を持っているからです。

エリン・メイヤー氏は、世界各国のスケジュールや時間管理に関する文化的傾向を「直線的な時間」と「柔軟な時間」に分け、日本は前者、中国は後者の傾向がある、としています（図表4‐5）。「直線的な時間」は「プロジェクトは連続的なものとして捉えられ、ひとつの作業が終わったら次の作業へと進む。一度にひとつずつ、邪魔は入らない。重要なのは締め切りで、スケジュール通りに進むこと。柔軟性ではなく組織性や迅速さに価値が置かれる」（同書）とあります。「柔軟な時間」は「プロジェクトは流動的なものとして捉えられ、場当たり的に作業を進める。様々なことが同時に進行し邪魔が入っても受け入れられる。大切なのは順応性であり、組織性よりも柔軟性に価値が置かれる」（同書）とされます。

私が思い出すのは、ある業務で、中国の地方政府の重要ポストの役人と、現地法人社長の会談を調整したときのことです。社内で政府関連対応を担当している中国人社員が、先方の秘書と連絡を取りアポイントを取ったのですが、「○月○日○時であれば、今のところ予定はないので、仮予定する。しかし何か予定が入ったら変更するのでそのつもりで」と言われ

図表4-6　「コミュニケーション」の各国分布

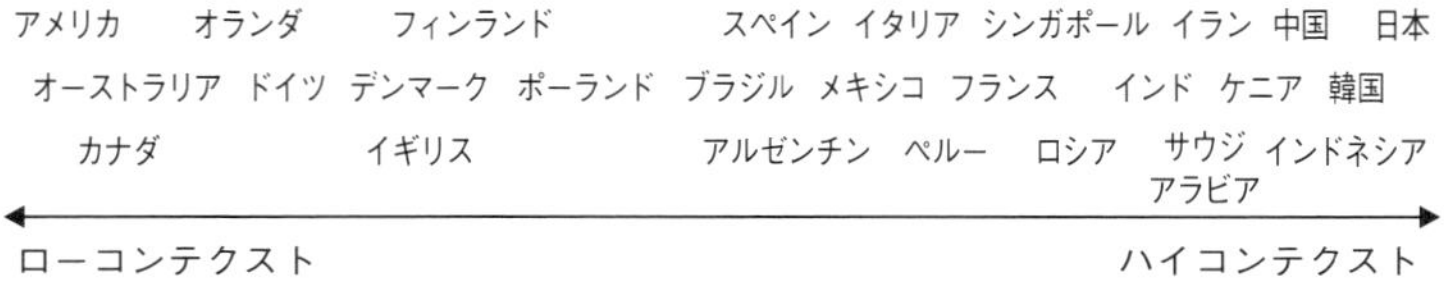

出典：『異文化理解力―相手と自分の真意がわかる　ビジネスパーソン必須の教養』（英治出版，2015年）

たのです。最初に聞いたときは驚きました。さらに、うちの会社は中国の政府機関からするとかなり軽視されているのではないか、と心配になりました。しかし担当の中国人社員は「これが普通だ」というのです。聞くと、中国の政府関連の要職者はあまり先の予定を立てず、立てても今回のように「変更の可能性」を常に確保しておく、なぜなら自身よりも上位の有力者が急に予定を入れてくる場合があるからだそうです。有力者から要請された用事の方が、自身の今後の昇進にプラスになると判断すれば、どんなに他の予定が先に入っていようがキャンセルしてそちらを優先する、これが中国式だ、ということでした。

注意すべき指標　その3「コミュニケーション」

エリン・メイヤー氏は、コミュニケーションに関する文化的傾向にも2つの典型があるとしており、「ローコンテクスト」と「ハイコンテクスト」と呼んでいます。

「ローコンテクスト」とはどういう傾向でしょうか？「良いコミュニケーションとは厳密で、シンプルで、明確なものである。メッセージは額面通りに伝え、額面通りに受け取る。コミュニケーションを明確にするためならば繰り返しも歓迎される」（同書）という傾向です。アメリカ人が特にその傾向が強い、と紹介されています。

一方、「ハイコンテクスト」とはこの逆です。「良いコミュニケーションとは繊細で、含みがあり、多層的なものである。メッセージは行間で伝え、行間で受け取る。ほのめかして伝えられることが多く、はっきりと口にすることは少ない」（同書）となります。同書の中では正にこのハイコンテクストの代表例として日本人が挙げられており、パリで行われたグローバル企業の人事責任者会議で日本人幹部が「空気を読む」「KY」という言葉とその意味を紹介した話が書かれています。

図表4-6をみて、お気付きのとおり、前の2つの指標と違い、この指標では日本と中国の文化的傾向は似通っています。中国も日本と同じ「ハイコンテクスト」なのです。これは意外に感じるかも知れませんが、同氏は自身の体験として、クライアントにプレゼンテーションをするときに、発言をそれとなく促しているのにいつまでも発言してくれなかった中国人の話を書いています。なぜ発言すべき内容があるのに発言してくれなかったのか、後で聞いたところその中国人から「あなたが発言の機会を与えなかったから」と言われたそうです。つまりその場の主人が発言を促すまで、発言すべきではなく「良い聞き手であるべき」という考え方が中国人にはある、と指摘しています。

同じ「ハイコンテクスト」同士であれば、なぜこれに注意すべきなのでしょうか？　同氏は「最も行き違いが生じる可能性が高いのが、ハイコンテクスト文化出身の人が別のハイコンテクスト文化の人とコミュニケーションを取る場合」である、と述べています。つまり日本人と中国人のコミュニケーションは、世界的にみても、行き違いが生じやすい組合せなのです。

その他の指標と注意点

その他の指標については簡単に触れておきます。

まず、「評価」という指標です。これは「直接的なネガティブフィードバック」と「間接的なネガティブフィードバック」に分けられ、日本も中国も後者に分類されます。上司や同僚が良くない点を指摘するときは、柔らかく、さりげなく、やんわりと伝えるべきで、1対1で伝えるべき、としています。よく「中国人は面子を重んじるので、叱るときは別室で、人前で叱ってはいけない」と言われるのですが、同氏によればそれは中国だけに言えることではなく、タイ、インドネシア、韓国などでも同様であり、日本は、その傾向が中国などよりさらに強いとしており、興味深いです。

「説得」という指標は「原理優先」と「応用優先」に分けられ、日本も中国も「応用優先」だそうです。事実や発言や意見を提示した後で、それを裏付ける概念を加えるよう訓練されている傾向があります。さらに同氏は西洋諸国とアジア諸国の説得に関する思考法の違いにも触れていますが、ここでは省略します。

「リード」という指標は「平等主義」と「階層主義」に分けられ、日本も中国も「階層主義」に分類されます。いずれも上司と部下には一定の距離があるとされ、組織は多層的で固定的、序列に沿ってコミュニケーションが行われます。

「信頼」という指標は、信頼関係の性質・位置付けと、それがどう構築されるかという傾向で「タスクベース」と「関係ベース」に分けられ、日本も中国も「関係ベース」の傾向があり、日本より中国の方がその傾向がより強いそうです。「タスクベース」の信頼はビジネスに関連して構築されますが、「関係ベース」は食事やお酒、コーヒーを一緒に飲むことなどで信頼が構築されます。個人的な時間を共有し、相手のことを信頼している人たちも知っている、となって初めて信頼が生まれます。中国では、アルコール度数の高い「白酒」を酔いつぶれるまで酌み交わして信頼関係を構築する、ということが行われますが、正にそれを指していると思われます。中国の政府機関や国有企業が有力な取引先になる場合、こういう「信頼関係構築」が必須となる場合もありますが、近年は「反腐敗キャンペーン」の影響やそもそも若者がこういう文化を敬遠する傾向があることから、中国も変化してきている部分があります。興味深いのは世界的にみると、日本も中国と同様の「関係ベース」の国とみられていることです。アメリカ人からすると、忘年会シーズンなどに酔いつぶれたサラリーマンが何人も夜の地下鉄車両などに乗っている様子が異様に感じるそうです。

最後は「見解の相違」という指標です。「対立型」と「対立回避型」があり、日本も中国も「対立回避型」です。見解の相違や議論は組織にとってネガティブなものだと考えています。イスラエルやフランスは「対立型」で、見解の相違や議論はポジティブなものであり、表立って対立しても、関係に悪い影響はない、と考えます。

文化的違いを乗り越える方法

エリン・メイヤー氏は同書の中で、多国籍チームが仕事を円滑に進められるようにするために、文化的違いを乗り越える方法を紹介しています。まずはここで述べた8つの指標と各国の分類をお互いに共有し、双方がまず自国の文化を自覚するとともに相手国の文化に対する理解を深めます。その上でそれらが自分たちの仕事に影響を与えていると思うか、もしそうなら、どのようにすればより効果的に働くことができるかをお互いに話し合うことを勧めています。文化的違いが難しいのは、それが単なる違いにとどまらず、相互不信や嫌悪感に発展しやすいことです。お互いに謙虚さを持ち、偏見なくお互いの文化に理解を深めようとすることが、文化的違いの悪影響を緩和する第一歩になるということです。

ここで紹介した文化的違いを理解することは、「中国社会のニーズを察知する」際にも「仲間を増やす」際にも非常に効果的です。文化的違いを理解することは、中国ビジネスを成功に近づける、重要なヒントにもなるのです。

(3)『スッキリ中国論』に学ぶ対処法

ここでさらに別の書籍から、中国ビジネスにおける文化的違いへの対処法を学びたいと思います。人事コンサルティング会社、ＢＨＣＣパートナー、亜細亜大学大学院アジア・国際経営戦略研究科講師の田中信彦氏は著書『スッキリ中国論―スジの日本、量の中国』で、日本と中国の文化の違い、日本人が中国人の言動に戸惑う理由、そしてその対処法を解説しています。

日本人と中国人は根本的な行動原理や思考方式が違う

同書で田中信彦氏は、日本人と中国人は根本的に行動原理や思考方式が大きく異なるとし、その基本的な考え方を「スジ」と「量」というキーワードで説明します。「スジ」とは「スジが通らない」と言うときの「スジ」で、「こうあるべき」という「べき論」です。日本人は、まずこの「べき論」を考え、損得勘定よりも優先する傾向があるとします。一方、「量」とは「これだけある」という「現実」を表します。中国人はこの「現実」を全ての判断の基本とし、「あるべきか、あるべきでないか」ではなく、「あるか、ないか」「多いか少ないか」「強いか弱いか」を重視する傾向がある、とします。

この思考方式の違いが、例えば狭い通路の真ん中で数人がおしゃべりをしているのをみて、日本人は「通路は話をするところではない、なぜそんなことをするのか」と思い、中国人は「これだけのスペースがまだ余っているので人は通れるので問題ない」と思う、というように、あらゆる場面で、日本人と中国人の反応や感覚の違いを生む原因となっている、と説きます。

同書は、中国人の言動や中国人とのコミュニケーションで「なぜ?」と思ったことがある人であれば、誰でも「そうだったのか」という驚きとともに書名のとおり「スッキリ」すること請け合いの良書です。私自身、何となく感じていた中国人の行動の傾向が解明されました。

私自身は中国に駐在している頃、「中国人は非常に合理的な人々である」と感じることが多々ありました。例えば、中国人社員の部下に、ある資料の作成方法を細かく教えたとします。例えば手順が次のとおりとなっていたとします。

1　資料Aを入手する

2　資料Aを加工して資料Bにする

3　資料Bを、一旦名前を付けて保存する

4　資料Bをコピーして、資料Cに貼り付ける

5　資料Cに加筆・修正を加えて、完成資料Dにする

6　完成資料Dは、名前を付けて保存する

日本人だと、この手順で教えれば、できるだけこのとおりにやろうとしてくれると思います。中国人の場合は、作業後に確認すると、「3」とか「6」が無断で省略されています。それを指摘すると、「必要ないと思ったので」といった回答が帰ってくるのです。もちろんお気付きのとおり、この場合、なぜ「3」「6」で一旦保存する、という動作が必要か、教えておけば良かったのです。また日本人であれば、教えられなかったとしても「なぜこれが必要なのですか?」と聞いてくれるかも知れません。しかし中国人は一般的に、独断で「手順をショートカットする」ことを頻繁に行います。これは悪気があるわけではなく、仕事に対する意欲がないわけでもないのです。マニュアルがあった

場合、「それにできるだけ忠実であろう」とする日本人と、「そんなものに縛られているのは有能ではない」と考える中国人の違いだそうです。日本人が「スジ」にこだわる一方、中国人は「量」すなわち目の前の現実を重視し、現実に柔軟に臨機応変に対応することこそがベストと考えている人々なのです。

日本人が中国人を相手にする場合の対処法

同書ではその他にも中国人を理解する上での重要な概念、「ファットな組織」や「先払い」などが紹介されており、非常に興味深く示唆に富みます。中国ビジネスに関わる方は、是非一読をお勧めします。

これらの文化的違いを踏まえて、私たち日本人はこれから、中国人を相手にする場合にどう対処していけば良いのでしょうか？　同書の内容から、いくつかの対処法をみてみたいと思います。

〈対処法その１　日本の得意分野で勝負する〉

先にも紹介しましたが、同氏は、日本人が得意な仕事の「仕組み化」というものが、中国人は圧倒的に苦手であると指摘します。「仕組み化」は「マニュアル化」「標準化」とも言えると思います。個人の技能に依存することなく、誰がやってもある程度以上の質のものができ上がるようにする、そのために熟練者の経験やノウハウを形式知化し、適切なマニュアルにしていこう、ということが、ビジネスシーンではよく行われ、同氏曰く、日本人はこの「仕組み化」が非常にうまいのです。それが、近年の爆買いなどで中国人が驚く「高性能な電気炊飯器」など、高品質・高性能な日本製品に結実していると指摘しています。中国の大手メーカーの技術者に言わせても、日本の製品技術にはとても追い付けないそうです。

訪日中国人が増え続け、日本での買い物や「コト消費」を多くの中国人が楽しむようになり、「量」の中国人が「スジ」の価値に気付き始めている、と同氏は指摘します。

こうした変化は私自身も、中国で実感したことでした。少し違う観点の例ですが、中国人幹部の意識が変化した事例をお話しします。私はリスクコンサルティング会社に勤務しており、企業のリスク対策の支援を専門にしています。日本企業では、例えば自然災害に備えて「災害対応計画」や「事業継続計画（ＢＣＰ）」を作成して、それらの計画の実効性を高めるための訓練を行います。しかし中国企業や、日系企業の中国人幹部は当初、これらの活動にはあまり関心を示しませんでした。災害への対応は、起きてから考えれば良い、起きていないのになぜ、それに向けた準備にお金や手間を掛けなくてはいけないのか、というわけです。正に、今思えば、彼らは「量」に基づき、「リスクマネジメントなど自分のビジネスに必要ない」と判断していたわけです。「リスクマネジメント」は正に、「企業などの組織は起き得るリスクへ適切に備えるべき」という「べき論」であり「スジ」の考え方だったのです。

しかし、その必要性を色々なところで説明していくと、少し変化がみられました。少数派ではありますが、「興味がある」と言い出す、中国人幹部が出てきたのです。理由は様々でした。ある中国企業の幹部は「最近、日系大手製造業と大きな取引を開始したが、どうやらその会社はそういう活動をすることを期待している。日系企業や欧米企業と取引を拡大するには今後、そういった取り組みが避けられないと感じた」とのことでした。

日本人が重視する「スジ」は、実は様々なメリットがあり、ビジネス上でも大きな優位性となります。しかし日本人が得意なこの領域は、中国人は苦手であり、ここに私たち日本人の大きなチャンスがあると言えます。「スジ」を重視するがゆえの日本人・日本企業の強さを今後とも、存分に発揮していくべきですし、それは中国ビジネスにおいては、非常に効果的な武器になるはずなのです。

〈対処法その2　中国社会の傾向・ルールを理解する〉

一方で、行動原理・思考方式が全く異なる中国でビジネスを展開するには、中国社会の傾向やルールを十分理解することも必要となります。同氏は「中抜き社会」「ゲリラ戦」という言葉で、日本とは全く違う中国のビジネスの流儀、製品流通の構造を説明します。「スジ」の日本の多くの「卸」では「素人お断り」という厳然としたルールがあり、プロとして小売業を営んでいる身分でないと取引ができませんが、「量」の中国ではそもそもこういう区別がなく、素人であろうがプロであろうが多く買うのであれば誰にでも売ります。日本ではこうしたルールの存在により、偽物・まがいものの混入や価格の乱高下を防いでいるわけですが、中国ではこうしたルールがそもそもない、ということです。売れるとなれば誰もが大量購入して直接販売する「中抜き社会」であり、14億人の国民全員が商売人になる「ゲリラ戦」である、と評しています。このような中で、日本で注目された「爆買い」が起き、日本では「転売目的だった」と聞くと大変ネガティブに受け止められますが、中国人側からするとなぜ転売がいけないのか、という感覚なのです。中国でネットショッピング、ECサイトが急成長しているのも、元々、メーカー、卸売り、小売りといった販売ルートが確立されていなかったことが要因であるともされます。アリババグループなどのECサイトのお蔭で、販売ルートどころか小売店もないような内陸部でも多種多様な商品を購入できるようになり、生活水準が大きく向上した、という話も聞きます。

爆買いによる品切れ・品不足で悩んだ日本の製造業企業が、中国のアリババグループと提携し、現地のECサイトへ直接販売した結果、内外価格差がなくなり、国内での品切れも解消した例が紹介されています。メーカーとしては中国の流通環境を考えれば合理的な選択となるのです。場面によって日本の発想から離れ、中国の環境に合った売り方、ビジネスの展開の仕方を考えることが、非常に重要であると言えます。

〈対処法その3　「スジ」を押し通し過ぎない〉

日本が得意とする「スジ」の思考法は、集団内に共通の価値観を形成し、仕事の「仕組み化」を進め、改善を重ねることで、中国では追随できない高品質・高性能な製品・サービスを生み出してきました。しかし同氏は「スジ」の思考法が生み出すものとして「美学のようなもの」が存在し、それにこだわり過ぎることが、日本人の中国ビジネスのマイナス要因となっている、とも指摘しています。例えば飲食店です。日本人にはそれぞれ例えば「とんかつ店」とはこういうものだ、といったこだわりがあることがあります。それは商品としてのとんかつだけではなく、店の構え、レイアウト、メニューなど、商品とは関係ないところにも関わる概念がある、と指摘します。日本人は同時に無駄のなさ、「潔さ」を良しとする傾向もあり、その観点でも、様々なものに手を出すのは「邪道」という考え方があります。

しかし、中国人にはこの考え方は理解されません。中国人は飲食店に行くなら、「何でもある」方が、満足度が高まります。ある中国で成功している日系飲食店チェーンは、ラーメン店なのにサンマの塩焼き、焼き鳥、天ぷらなど様々な日本食を提供するなど、バリエーションを増やして中国で大人気となっています。一方で在中国の日本人にはあまり人気がありません。日本人のもつ「ラーメン店とはこういうもの」という概念から外れてしまっているからかも知れません。

中国ビジネスを成功に導くためには、商品・サービスが持つ「普遍的な価値」で勝負すべきであって、付随する「美学」「美意識」と混同すべきではない、と同氏は書きます。「潔さ」を自らコントロールし、必要に応じて「一旦置く」ことができれば、日本の商品・サービスは今以上に中国の人々に受け入れられる、潜在能力を持っているのです。

(4) Win-Win の関係を目指す人は最も勇気のある人

ジョブホッピングのもう1つの要因

『スッキリ中国論』の中では、ジョブホッピングについても興味深い指摘があります。中国人が頻繁に転職を繰り返す要因としては、会社に対する不満、キャリアアップのため、といった理由以外に「リスクヘッジ」という考え方があると、田中氏は指摘します。日本には従来から、終身雇用という考え方があり、一般的に私たち日本人は同じ会社に勤め続けることは「安定」であると考えています。一方中国人は逆で、「同じ会社に居続けるのはリスク」であると考えます。

背景には日本と中国の企業の存続期間の違いがあると思われます。日本は企業の存続期間が平均的に長く、世界で最も「長寿企業」が多いことで知られます。日本には100年以上続いている長寿企業が1万5000社以上あり、国別で2位のドイツ1000社以下を大きく引き離しています。創業200年以上の企業は世界で5586社あり、このうち56％が日本に集中しています。

一方、中国当局（国家工商総局）が2013年に発表した「中国内資企業生存時間分析報告」によると、5割近くの中国国内企業は寿命が5年以下という結果がわかりました。実際に設立から3年以内という若い会社が多く、現存企業の3割を超える、という結果でした。存続期間の短さには様々な要因がありますが、「権力と市場の関係」が指摘されます。中国の国内企業にとって、地方政府などの官僚との結びつき、サポートが重要となっており、官僚の任期が切れる3～5年でサポートが得られなくなることが、廃業の危機につながりやすいのです。

ジョブホッピングへの対処法

このような環境の違いから、当然のこととして、日本人と中国人は雇用の「安定」「リスク」に対する考え方が全く違うのです。つまり中国人のジョブホッピングを防ぐことはほとんど不可能ということになります。

先に、駐在員全員が「経営理念」を現地法人の中国人社員たちの心に植え付け、根付かせる役割を担うべきではないか、という「労務研究会」の議論を紹介しました。これに対して『スッキリ中国論』の中には、「経営理念を説いたときに、素晴らしい！　と言って感動してくれた中国人社員がしばらくすると笑顔で転職していった、人間不信に陥りそうだ」という日本人社長の声が紹介されています。同書で筆者は、ジョブホッピングを止めることは不可能という認識とともに、対処法が２つある、としています。

1　「人は流動するものだ」という前提に立った仕組みを構築する
・優秀な社員は他社に転職しないように十分魅力的な仕事・待遇を提供する
・入社した社員が短期間で戦力化できる育成システムをつくる

2　中国社会で日本的発想を理解する人を探し出して採用する
・数少ない（10人に１人かも知れない）が日本的発想を理解する人を経費・労力を投入して探し

出して採用する

・流動を前提とせず、長期的に社内で能力を伸ばす人を優遇する制度を構築する

これらの対処法はいずれも実例があり、それぞれ成功を収めていますが、いずれも継続するのが困難な点があります。「1」は、高い待遇提供が前提になりますので、場合によっては優秀な中国人社員は日本人駐在員より給与が高いということも起こり得るなど、日本本社の理解が得にくくなります。「2」は、募集・採用・選考などに通常の何倍もの経費・労力がかかる上に体制が出来上がるまで時間・忍耐力を要するため、これまた本社や後任者の理解が得られず、推進した社長が帰任した後、後任者に全面否定されて終わる、としています。「違いを乗り越える」ということは、時として非常に困難であることが、この点からよくご理解いただけると思います。

「仕事」と「投資」

さらに日本人と中国人の考え方の違いとして、「仕事」と「投資」という話が出てきます。日本人はお金を稼ぐことを考えるとまず「仕事」、「働くこと」を考えます。日本人の「スジ」の発想では、場合によっては「働くこと」そのものが目的になる場合もあり、それ自体に価値があると考えます。

一方、中国人はお金を稼ぐことを考えるとまず「投資」を考えます。仕事は飽くまで投資の原資を稼ぐ一手段であって、それ以上のものではない、どれだけ稼ぐかを最優先する「量」の発想です。

中国で「滴滴打車」などの配車サービスが日本と比較にならないほど急速に普及したのは、ＩＴ大

手のテンセントが自社の決済アプリ普及を狙って行った500億円の大胆な出資が大きな要因となっていることを例に挙げ、中国と中国人はこれまで「投資」で「世界にも稀に見るスピードで豊かになった」としています。筆者は旧来の中国人の友人のほとんどが自身より豊かになっていることをみて、「投資」と「仕事」の違いを考えるようになった、としています。

この話を読んで私が思い出したのは、『金持ち父さん貧乏父さん』（ロバート・キヨサキ）でした。先の指摘に基づけば、中国人の労働観は「金持ち父さん」に似ている気がします。同書の中でも「金持ち父さん」が資産家となりますが、今の中国はそのような姿、「投資」で豊かになった状態とみることができます。ただこの生き方が将来的に持続できるのか、中国の社会の在り方として望ましいのかどうかは、何とも言えません。ただ、両者の労働に関する発想が大きく異なる、ということは重要な点として認識しておく必要があると思います。

Win-Winの関係を目指す

ここまで日本人と中国人の文化的な違いをみてきました。書籍にもあたりましたが、いずれにしても、知れば知るほど、日本人と中国人が大きく異なる、という点がよくおわかりいただけたのではないでしょうか？

本書第1章で、日中の経済関係について「Win-Winの関係を築くことができる」または「難しい」という2つの意見のどちらに近いか、という質問に対し、日本では31・7％が「わからない」と回答した結果を示しました。日本人と中国人はこれまでみたとおり、あまりにも文化的な違いが大きいため、Win-Win の関係を目指すことはできないのでしょうか?

有名な『7つの習慣』の著者、スティーブン・R・コヴィー氏は、同書の中で、人間関係のあらゆる場面で、Win-Win を考えることの重要性を説いています。そして、「Win-Win を求める人は、高い勇気と思いやりを持っている人である」とも指摘しています。これまでみたとおり、日本人と中国人は文化的に多くの点で異なります。どちらが正しい、間違っている、ということはありません。ただ異なるのです。一方、異なるからこそ、お互いの良いところを活かしあい、弱いところを補完する、という可能性が大いにあります。

『スッキリ中国論』の田中信彦氏は「中国人は『スジ』の価値を理解し始めた」と書いています。経済が急速に成長し豊かになったことで、日本流の発想法、思考法の優れた点に、中国人が気付いてきているのです。このことは私たち日本人にとり、大きなビジネスチャンスであるとともに、自らの弱点を認識し、克服する大きな契機になり得ると、私は考えています。

5　本章のまとめ

本章では、中国ビジネスに取り組むうえで最低限知っておくべきことについて説明してきました。

１つめは「中国社会のニーズを察知する努力をする」でした。内需開拓ビジネスが中心となる今後の中国ビジネスでは、「日本のやり方」持ち込み方式はどんどん通用しなくなります。B to CのみならずB to Bを含めどんなビジネスでも、これからは「中国社会が何を求めているか」を理解する努力が欠かせません。

２つめは「良い支援者を探すよりも支援者を『うまく使う』」でした。煩雑な会社設立手続きや複雑な税務・法務・労務など、中国ビジネスでは外部専門家などの「支援者」が不可欠です。しかし「良い支援者」頼りの進出は落とし穴があることが多いのです。まずは自らの目的を明確に認識し、支援者をうまく使う意識を持つことが求められます。

３つめは「説得するより『仲間』を増やすことの大切さ」でした。中国ビジネスにおいて日本人は、中国人社員などを自分の思う通りに動かしたいと考えがちです。しかし人事労務管理など中国における人の問題は、多くが日本人の側に問題のカギがあることを知り、「仲間」を増やす意識でコミュニケーションを取っていくことが非常に大切です。

４つめは「中国人を変えようとするより文化的な違いを理解し対処する」でした。日本人と中国人の文化的な違いや注意すべき点として、「決断」「スケジューリング」「コミュニケーション」などの観点を紹介しました。また根本的な思考方式の違いを乗り越える方法も解説しました。文化の違いは不信感や嫌悪感につながりかねないものですが、違いがあるからこそ、お互いにメリットのあるWin-Winの関係を築くことができることを理解し、実践していくことが重要です。

第5章　中国ビジネスにおける9割の失敗を防ぐ方法

1　9割の失敗を防ぐ方法がある

(1)　これまでの振り返り

「最低限知っておくべきこと」で深刻な失敗は避けられる

本章では「9割の失敗を防ぐ方法」をみていきますが、改めてその意味合いを説明しておきたいと思います。

まず中国ビジネスには、どうしても避けなくてはいけない、深刻な失敗事例というものがあります。第3章の冒頭で、代表的な「過去の深刻な失敗事例」を3つ紹介しました。1つめは「『現地化』の落とし穴」、2つめは「合弁形態によるトラブル」、3つめは「マーケティングの失敗」でした。これらはいずれも私が見聞きした事例の中で、特に深刻なものです。どう深刻かといえば、これらの問題はいずれも根が深く、簡単に軌道修正ができないことが多いものだからです。あまりに性急に現地化を進めたA社は、結局会社清算に追い込まれました。そこまで行かなくても、一度コントロール不能になった組織は簡単には元に戻りません。合弁形態であるがゆえに中国側に実権を握られることとなった会社も、多くが合弁解消などを選ばざるを得なくなりました。マーケティングが十分できずにビジネスを始めてしまい大苦戦した会社も多くが撤退などを余儀なくされています。

中国ビジネスにおいては、まずこうした深刻な失敗に陥らないことが大変重要となります。第４章でご説明した「最低限知っておくべきこと」は、こうした深刻な失敗事例を避ける上で重要となります。逆に言えば、「最低限知っておくべきこと」をよく理解し実践すれば、深刻な失敗に陥ることは避けられます。「中国社会のニーズを察知する努力をする」ことで「マーケティングの失敗」は避けられます。自社としての進出の目的を明確に認識し「支援者を『うまく使う』」意識を持つことは安易にパートナーに多くを期待し「合弁形態によるトラブル」に陥ることを防ぎます。「『仲間』を増やす」ことの大切さを認識し、「文化的な違いを理解し対処する」ことで、性急な「『現地化』の落とし穴」に入ることを防ぐことができます。

それでも起きる失敗・トラブルはどんなものか？

それでは「最低限知っておくべきこと」を実践するだけで中国ビジネスはうまくいくのでしょうか？　先に書いたように、残念ながらそうは行きません。「最低限知っておくべきこと」は「必要条件」に過ぎないのです。具体的に言うと、「最低限知っておくべきこと」を全て実践していたとしても、起きる失敗・トラブルがまだたくさんあるのです。

「中国社会のニーズを察知する努力をする」ことで「マーケティングの失敗」が避けられる、と書きました。しかし実際のビジネスでは、他にも様々なトラブルが起き得るのです。中国でよく起きるトラブルは、例えば「模倣」です。日本企業が模倣品・サービスによる被害を最も多く受けているのが中国であり、中国社会のニーズに合致した製品・サービスであれば、すぐに模倣される事態を想定しておく必要があります。「マーケティングの失敗」を避けることに成功し、現地で「売れる」製品・サービスを持つようになれば、模倣以外にも様々な障害・妨害に遭遇します。

自社としての進出の目的を明確に認識し「支援者を『うまく使う』」意識を持つことが「合弁形態によるトラブル」に陥ることを防ぐ、と書きました。しかし支援者との間で起きるトラブルは他にもたくさんあります。例えば支援者の不正行為があります。合弁パートナーが役人に対する贈賄を行っている、またはその他の法令違反行為を行い、隠ぺいを図っているなどが判明する場合があります。許認可申請の代行・支援を行うコンサルティング会社が、依頼者の知らないところで贈賄に手を染めている、そしてそれが発覚し、依頼者が責任を問われる、といった例もあります。

「『仲間』を増やす」ことの大切さを認識し、「文化的な違いを理解し対処する」ことで、性急な「『現地化』の落とし穴」に入ることを防ぐことができます。しかし人事労務管理に関連するトラブルは他にも多数考えられます。どんなに現地社員との信頼関係構築に尽力していたとしても、現地社員による横領・着服や顧客情報の持ち出しなどの不正行為は起き得ます。また文化の違いから、日本ではほとんど起きないようなトラブルが起こることもあります。「量」の思考方式の中国人は、無断で仕事の手順を省略することがよくある、ということを書きました。私が中国の工場や倉庫でよく見かけたのは、敷地外周警戒用の赤外線センサーのスイッチが、警備員の独断で電源ＯＦＦにされている例でした。これは実にほとんどの工場などで見られました。調整や整備が十分でない赤外線センサーは、すぐに「誤報」が出ます。外周付近の立木の枝が揺れたとか、ちょっとしたことですぐに警報が発報するのです。そのたびに現場に確認に行かなくてはいけない警備員たちは、面倒なので、やがて勝手にセンサーの電源を切ってしまうのです。工場長など幹部はその事実を一切知らず、センサーが有効に機能していると信じている、そういった例を数多く目撃しました。工場では内部犯行による盗難が横行している例も散見されました。消火栓に設置してある消防ホースの金属製ノズルが盗まれてしまっており、火災が起きたときに消火活動ができなかった、という例もありました。

これらの失敗・トラブルは、「最低限知っておくべきこと」を実践していても起きるものです。またこれらの失敗・トラブルの中にも、起きてしまった場合、深刻な影響をもたらすものがあります。中国ビジネスを成功に導くには、これらの影響をどう防ぐか、が重要なテーマとなるのです。

(2) リスクマネジメントが必要

「リスクマネジメント」とは失敗を防ぐ強力なプロセス

「最低限知っておくべきこと」を実践していても発生する様々な失敗・トラブルをどう防いでいくのか？　そのためには、「リスクマネジメント」という経営管理手法が必要不可欠であり、非常に効果的です。

「リスクマネジメント」とは何でしょうか？

「リスク」は27ページでみたとおり、「企業経営に有形・無形の損失をもたらす可能性」と考えることができます。「リスクマネジメント」はこのリスクを「マネジメント」（管理）することと考えられ、ＩＳＯでは「リスクについて、組織を指揮統制するための調整された活動」（ＩＳＯ３１０００：２０１８）と定義しています。リスクマネジメントの実践においては、「リスクアセスメント」（リスク特定・分析・評価）と「リスク対応」が大きな柱となります。

中国ビジネスはこれまでみたように、「最低限知っておくべきこと」をしっかり実践していても、様々なトラブルが発生します。発生しうる失敗・トラブルが無数にある、という状況に対して、「リスクマネジメント」は大変有効な方法論なのです。

図表5-1　リスクマネジメントの基本ステップ

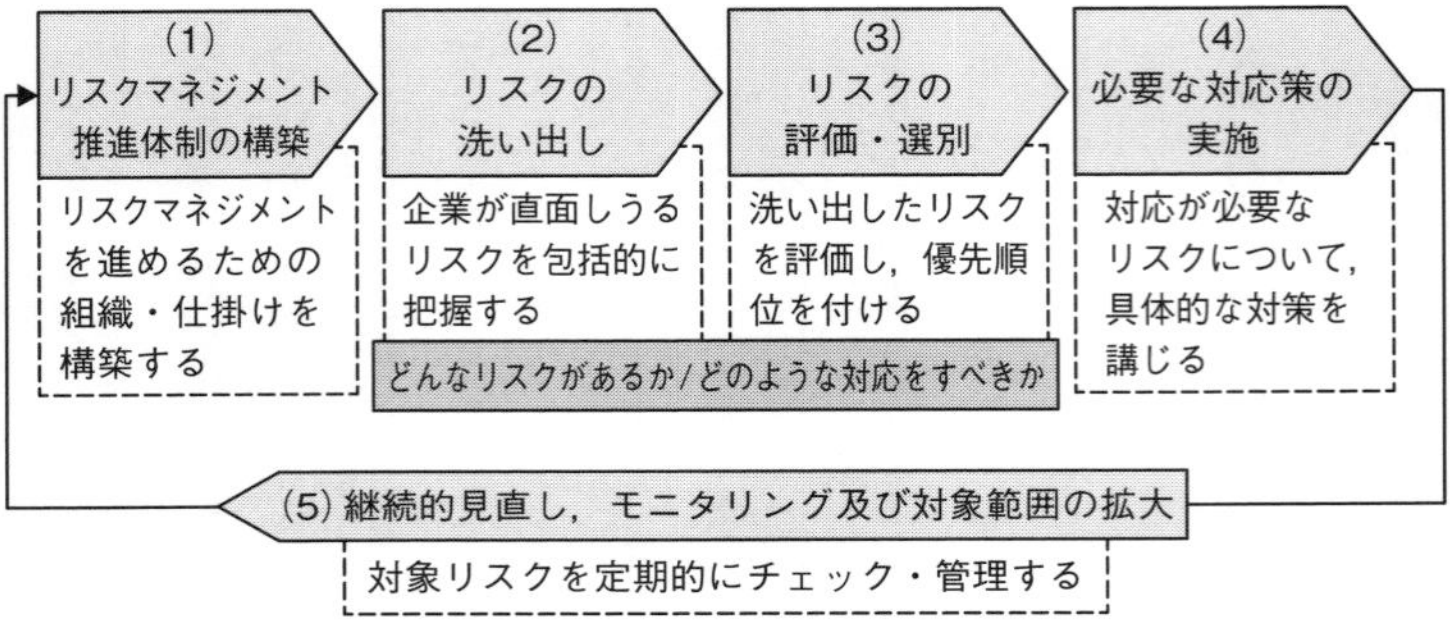

リスクマネジメントの基本ステップ

リスクマネジメントの基本的な進め方は、単純化しますと図表5-1のとおり、5つのステップに分けられます。

「リスクマネジメント推進体制の構築」はまず準備段階です。以下の活動をどの程度の時間・労力を掛けて実施するかを決めて、取り掛かる、ということになります。

「リスクの洗い出し」は、ビジネスの阻害要因、失敗やトラブルにつながる原因となる事件・事故などの要因を洗い出していきます。ここでは、1章2節で紹介した「代表的なリスク一覧」28ページ（図表1-10）などをみながら、できるだけ抜け・漏れのないように洗い出しをすることが必要です。

「リスクの評価・選別」では、洗い出したリスクの重要性、深刻度を評価して、優先順位付けをします。ここは少し工夫が必要なところです。なぜなら、「リスク」と一口に言っても、その特性はバラエティに富んでいるからです。最も簡単なのは、「発生頻度」と「影響度」という2つの評価軸を使って、評価選別をしていく方法です。リスクは、無限にありますので、まずはリスクをたくさん洗い出しておいて認識した上で、その中で具体的な対策を講じるリスクを絞り込みます。

次は「必要な対応策の実施」です。リスク項目ごとにどのような対策を講じるかを考え、実行します。リスクに対する対応策は実は色々あります。代表的なものは「回避」「低減」「移転」「保有」と言われます。「回避」はリスクの原因となっているビジネスそのものをやめてしまうこと、「低減」はリスクの大きさを小さくするもの、「移転」は保険に加入するなどで自社が被るリスクの影響を外部に（保険料などを払って）負担してもらうこと、「保有」は影響を小さいと判断して敢えて何もしないこと、と言えます。このうち「低減」はさらに「予防策」と「影響の低減」に分けられます。

例えば、自身が交通事故に遭って業務ができなくなるリスクを考えるとします。

これを防ぐために車に一切乗らない、というのは「回避」です。（徒歩中の事故を想定すると完全には事故を回避できませんが。）「移転」として、自動車保険に加入し、万一事故に遭った場合の治療費用などを保険会社に負担してもらうことが考えられます。

「低減」は「予防策」と「影響の低減」があります。「予防策」としては、交通事故を予防し、事故に遭う可能性を下げるために、安全運転を心がける、スピードを抑える、講習を受けるなどで安全運転スキルを上げる、「衝突被害軽減ブレーキ」装備車を使用する、などが挙げられます。「影響の低減」は「万一事故に遭っても業務への影響を最小限にする」対策です。例えば、エアバッグ装備があれば人身被害が軽減され、結果として業務への影響を軽減できます。

最後のステップは「継続的見直し、モニタリング」です。ビジネスを取り巻く状況は刻一刻と変化していきます。それに応じて、ビジネスを取り巻くリスクも変化していきます。リスクマネジメントは一度実施すればそれで終わり、というものではなく、定期的に見直しを行い、それが効果を維持しているかどうか、常に慎重に確認していくことが求められます。

「リスクマネジメント」は誰にでもできる

リスクマネジメントは近年では、企業経営において不可欠な考え方として知られるようになりました。特に国内の大手上場企業においては、株式上場の条件として、コーポレートガバナンス、内部統制システムの整備と併せて、リスクマネジメントの実践が求められることなどから、多くの会社が専門部署を設置して取り組んでいます。しかし中堅・中小企業や個人事業主においては、「リスクマネジメントがわかる人がいない」「そんな余裕がない」ということで、取り組んでいない例もまだ多くみられます。

書店やAmazonなどをみると、「リスクマネジメント」の解説書が数多く刊行されています。中には非常に専門的かつ難解な書籍もありますが、平易に解説されているものもあります。ここで強調しておきたいのは、「リスクマネジメント」は誰にでもできる、決して難しいものではない、ということです。大事なのは起き得る失敗・トラブルに対して、「起きてから考える」のではなく「予め準備、備えておく」という考え方です。これができているかどうかが、中国ビジネスの成否を分けることが往々にしてあるのです。

2　中国ビジネスでリスクマネジメントがなぜ実践されていないのか

(1)　多くの失敗・トラブルはリスクマネジメントが不十分なため起こっている

中国進出企業における事故・トラブル

私はこれまで、多くの中国進出企業に対して、リスクマネジメント関連のコンサルティングを実施してきました。中国駐在時は上海を拠点に、中国全国の日系企業の工場や物流拠点などを２５０件以上訪問し、リスク調査、コンサルティングを実施してきました。またその経験などをもとに、リスクマネジメントに関する話題や注意すべき現場のリスクなどをまとめたニュースを毎月発行し、数千社の日系企業に配信していました。

在中国日系企業、数千社とお付き合いしていますと、多数の事故・トラブルを耳にします。日系企業の工場は中国企業に比較すれば防火や安全対策が徹底されていると言われるのですが、それでも、工場の火災・爆発事故など深刻な事故が年間数件、発生していました。集中豪雨などによる浸水被害なども数年に一度、複数の会社で大きな被害が発生していました。不当解雇などで従業員が会社を相手に労働仲裁を申し立てる、労務紛争などは比較的多くの会社で耳にしますが、大規模なストライキに発展したケースなどもありました。部品や機械設備、製品などの運送中の事故などは比較的頻繁に発生し、工場での部品盗難の被害が急激に増加し、対応に悩まれている会社などもありました。工場・倉庫での労災事故や情報漏えい事件なども、比較的頻繁にみられました。近年中国では、社会不安などから通り魔殺人など、無差別殺人事件などの凶悪事件が増えていると言われますが、日系企業の関係者がその被害に遭った事例などもありました。

これらの事件・事故は、日本であれば、しかも有名な企業であれば、必ずニュース報道されるような重大なものも含めて、日本ではほとんど報道されませんでした。やはり海外の事件であること、親会社の日本企業からすれば、あまり積極的にPRする内容ではないことなどから、日本のメディアの記者にはあまり知られていない、ということかも知れません。しかし、中国進出企業においては、大変多くの事故・トラブルが起きており、これらによる中国ビジネス、経営への悪影響をいかに抑制するかが非常に重要なテーマとなります。

失敗・トラブルの背景にはリスクマネジメントの不足がある

私たちは、こうした事故・トラブルに悩む日系企業からご相談をいただき、その事故・トラブルを減らすための対策を一緒に考える機会が多くありました。

ある精密機械の部品を製造する大規模な工場では、出荷前の部品が大量に盗まれる事件が相次いで発生し、その対策検討をご相談いただきました。私たちは複数名で詳細な現地調査を行い、過去に盗難が発生した現場を全部みて、その区画に誰がどのようなルートで入ることができるか、監視カメラでなぜ察知できないのか、持ち出した部品はどのようなルートで構外へ運ばれたのかなどを解明するため、幹部・現場管理者・社員のヒアリングや警備記録の調査・分析、詳細な現地調査を行いました。調べていくと明らかになったのは、その会社の防犯体制に様々な「死角」や「抜け道」があることでした。例えばある構内の区画では監視カメラがあるのですが、カメラの設置角度が不適切なため、カメラに見られないように区画に侵入して出ていくことができることが判明しました。また現場の部品数量を確認する手順がずさんなため、特定の部品が大量に減っていても、数日以上誰も気付かないことがわかりました。私たちは調査の結果判明した、そのような「死角」「抜け道」を全てリストアップし、工場の責任者に報告し、それらを早急に改善することを提案しました。提案した項目の中には責任者が驚くようなものが多く、その会社ではそれらについて改善策が速やかに講じられました。

こうした様々な企業の「事故・トラブル」分析の経験から言えることとは、何も要因のないところには、事故・トラブルは発生しない、ということです。ビジネスにおける失敗・トラブルの背景には必ず、リスクを適切に洗い出し、それらに対処する「リスクマネジメント」が十分できていない、リスクマネジメントの不足があるのです。

(2) 在中国日系企業はなぜリスクマネジメントが不足しているのか

日系企業でリスクマネジメントが不足している要因

多くの在中国日系企業を訪問して感じたことは、事故・トラブルが発生する企業は、十分なリスクマネジメントが実践できていないことが多い、ということでした。それではなぜ、在中国日系企業ではリスクマネジメントが実践できていないのでしょうか？　これはいくつか要因があります。

〈１　目の前のリスク対応に追われている〉

これまでも、在中国日系企業ではトラブルが次から次へと起こることが多い、と書いてきました。日本では想像できないトラブルが起きるのが中国ビジネスです。しかもトラブルに対応できる人が十分にいないのも中国ビジネスです。大企業の中国現地法人であっても、日本本社に比べれば、法務・税務・労務などの内部管理を担当する人員は大幅に限られます。ましてや中堅・中小の拠点の場合はなおさら人がいません。結果として、在中国日系企業では、経営者や管理責任者が、日々起きる様々なトラブルへの対応に忙殺されてしまいます。目の前のリスク対応に日々追われているので、まだ起きていないが将来起きるかも知れない「リスク」への備えに時間を割くことができなくなってしまうのです。

在中国日系企業の経営者にアンケートを取る機会がたびたびありましたが、多くの経営者はやはり日々のトラブル対応に追われており、「改めてどのようなリスクがあるか、洗い出しを手伝ってほしい」という希望を持っていました。

〈2　リスクがみえない、伝わらない〉

リスクマネジメントにおいて重要なステップは「リスクの洗い出し」ですが、経営者がリスクを漏れなく洗い出すためには、現場を含めた様々な部門の社員が、リスクを認識し、それを適切に「報告」することが不可欠です。しかし中国では、これがなかなか行われません。

例えば工場の消火栓に設置されているノズルが何者かに盗まれ、なくなっていたとすると、本来はそれを見付けた社員や現場の管理者が、安全管理部門にそれを報告し、早急にノズルを設置させるなどの措置をするべきです。そうしなければ、火災が発生したときに消火活動ができず、大きな被害が生じるかも知れないからです。しかし中国の場合、ほとんどが放置されてしまいます。これは、先に見た、「スジ」と「量」の発想の違いで説明できます。日本人であれば「消火栓は常にすぐ使えるようにしておくべき」という「スジ」の発想から、速やかに現状を是正しようとします。しかし中国人の「量」の発想では、現実に問題が生じるかどうかが重視されるため、当面何も問題が生じないのであれば、放置することが合理的と判断されがちなのです。結果として中国では、現場の「リスク」が放置され、多くの場合管理者には報告されません。

仮に管理者に報告されたとしても、経営者には伝わらないかも知れません。さらに日本の本社にはさらに伝わりづらくなります。つまり、組織の階層が上がれば上がるほど、中国の現場のリスクは「みえない」わけです。リスクに関する情報が「伝わらない」からなおさらです。

〈3　対策を徹底できない〉

リスクを洗い出し、リスクを「可視化」、「見える化」し、具体的な対策を決定しても、まだ問題があります。リスク対策を現地法人内、特に現地社員に徹底できないのです。例えば、火災リスクや労災リスクの低減の観点から、工場・倉庫での整理・整頓など「５Ｓ」の徹底を指示したとします。「５Ｓ」は、「整理、整頓、清掃、清潔、躾（または習慣化）」の日本語（ローマ字）の頭文字がいずれも「Ｓ」であることから言われる、職場環境の維持改善活動です。日本発祥の概念で、製造業・サービス業で昔から良く言われますが、海外でも実践する企業が多く、在中国日系企業でもよく取り組まれています。５Ｓを実践することで、出火リスクのある配電盤の近くに燃えやすいものが放置されている、人がよく通る場所に躓きやすい物が放置されている、など、忙しい現場で起こりがちな危険な状況を減らし、火災リスク、労災リスクなどを低減する効果が期待できます。そもそも５Ｓが徹底されず、雑多なものが乱雑に配置されているような現場では、どこにどういうリスクがあるかも見えづらいという問題があり、その意味でも5Ｓに取り組むことはリスク低減につながるのです。

しかしながら、日本人管理者が「５Ｓをやってください」と現場の中国人社員に簡単に指示しただけでは、全く実践されません。何のために必要なのか、どういう意味があるのか、日本の拠点ではどこまで実践されているのか、会社ではどれほどそれが重要だと考えているのか、そういったことを説明していかないと、なかなか理解は得られません。

中国は基本的に分業社会です。社会主義体制の国であり、近年まで配給制が存続していたように、民間企業と民間経済がこれほどまでに拡大してから、それほど長い歴史はありません。かつての国有企業では厳格な分業が行われていました。1人1人に業務範囲が厳しく決められており、自身の業務範囲を逸脱して業務を行うことは、他者の仕事を奪うことになる、という考え方が根強く残っています。中国人の感覚からすると「5S」は、「掃除」であり「掃除夫がやるもの」という発想があるのです。なぜ自分が掃除夫の仕事を奪わなくてはいけないのか？　と考えます。そこを踏まえた上で、「5Sは掃除ではなく、現場環境の維持のために不可欠の活動であり、全員で取り組むべきものだ」という考え方を理解してもらわないことには、簡単には実践してもらえないのです。

『中国人のやる気はこうして引き出せ』の著者、塙氏は、現地法人社長の立場でありながら、自ら店舗内を絶えず歩き回り、落ちているゴミを自ら拾うことを繰り返し行っていたそうです。その効果は絶大で、それを見た中国人社員たちは驚くとともに、「社長がやっているなら、私たちもやらなくては」と考える者が増えていって、社員全員で現場の清掃に取り組むようになったそうです。逆に言うと、そこまでしないと、中国人社員に実践を促すことはできないのです。

2000年代前半、中国に進出した日系の大手飲食業が中国でいずれも苦戦していました。苦戦の要因は様々でしたが、共通して言えたのは、「日本流のサービスを中国で実践できない」という点でした。日本人が指導役となり、中国人社員たちに日本流のサービス、日本流の姿勢、態度を教え込もうと取り組みましたが、なかなか思うように定着しない、覚えたと思うとすぐに辞めてしまう、という状況でした。そのような中、素晴らしいサービスで外国人に人気となる飲食店チェーンがあったのですが、いずれも台湾系、または香港系資本の会社でした。日本と同じように、本拠地で実践している高品質なサービスを中国で中国人社員に指導していたのですが、大きく違うのは、同じ中華文化圏で言葉や文化が共通するため、中国人社員を指導・育成する方法が、日本人よりも台湾人・香港人の方が優れていたようです。

連合艦隊司令長官、山本五十六氏は「やってみせ、言って聞かせて、させてみせ、ほめてやらねば、人は動かじ」という有名な言葉を残しました。古今東西、昔から、人を指導して育てるというのは難しいことで、管理者たちの悩みの種になってきました。中国において日系企業の駐在員が中国人社員を指導、育成するのは、日本国内の日本人に対するのとは全く次元が違うほど、予想以上の時間と労力のかかるものです。中国におけるリスクマネジメントにおいても同じことが言えます。この観点を見落としていると、いつまで経っても効果的なリスクマネジメントは実践できないのです。

3　中国ビジネスにおけるリスクマネジメントのポイント

では中国ビジネスにおいてはリスクマネジメントをどのように実践していけば良いのでしょうか？
3つのポイントをお話しします。

(1)　リスクの洗い出しと優先順位付けをする

簡単で良いのでまずは実施する

中国ビジネスにおいてリスクマネジメントが実践されない要因として、「目の前のリスク対応に追われている」「リスクがみえない、伝わらない」という話をしました。この点を解決する方法としては、まず簡単で良いので「リスクの洗い出しと優先順位付けをする」ということです。

「まず簡単で良いので」は大きなポイントです。「リスクの洗い出し」と聞くと、かなり大げさな作業をイメージする人が多いようです。各業務や各分野の専門知識を持ったコンサルタントなどを集め、各業務・各分野で発生しうるリスクを徹底的に洗い出す、漏れが生じないように二重三重のチェックを掛け、万全を期して洗い出す…そんなイメージを持たれている人が多いようです。確かに「リスクの洗い出し」の目的は、自社の経営に影響を与えるリスクを、なるべく漏れのないよう、検討・確認しながらリスク項目を洗い出していくことです。しかし「漏れのない」をあまり強調しすぎると、いつまで経っても「リスクの洗い出し」を終えることはできません。なぜならリスクは無限にあるからです。リスクは「○○が起きる可能性」と言い換えることができ、可能性であるからこそ無限にあるわけです。ここで重要なのはリスクを、小さなものも含めて全て網羅的に「洗い出す」必要があるわけではなく、経営の観点から重要なものだけを網羅的に「洗い出す」必要がある、という点なのです。

どのような方法を用いても、全く漏れなくリスクの洗い出しが行える保証はありません。逆に言うと、必ず「漏れ」は生じるのです。であれば、最初の段階で「どうしたら漏れがなくなるか」を長時間考え、悩むのではなく、まずは「洗い出し結果・第一案」を作って、色々な人の意見を聞いてみるべきです。

標準項目リストを活用する

まず簡単で良いので「リスクの洗い出しと優先順位付けをする」と決まったら、お勧めしたい方法が、「標準項目リストの活用」です。

リスクのリストアップというのは、始めてみると意外と難しいものです。「リスク」という言葉がそれだけ抽象的で便利に使われている言葉である、ということかも知れません。例えばある人は「中国地方政府（工商局）から法令違反を指摘され、操業停止になるリスク」「現場社員がストライキを起こすリスク」といったように、「○○が○○するリスク」という形式で挙げていくかも知れません。この方式だと、「中国地方政府（環境局）から環境法令違反を指摘され、罰金を科されるリスク」などのように、よく似た事例であっても登場人物が変わるたびに別のリスクとしてリストアップされるため、項目数が非常に多くなる可能性があります。もちろんよく似た項目同士をまとめてしまえば良いのですが、どの程度の範囲でまとめるか、という基準をそろえておかないと、おかしなことになります。こうした「各リスクの定義」で悩むのを避けるために、予め用意した「標準項目リスト」を活用するのです。例えば図表5-2のようなリストになります（図表1-10の再掲）。

このリストをみてリスク項目の形式を大体そろえた上で、「このリストにない、重要なリスクはないか」という観点で検討をしていけば良いのです。

また「リスクの洗い出し」は、1人でもできます。社員全員でやろう、とか、管理者全員で、という発想は良いのですが、関係者を増やすとそれだけ調整が面倒になる場合があります。面倒になって、結局投げ出すくらいなら、まずは1人ででもやってみるべきです。

1人で「リスクの洗い出し」を行うときには、注意点があります。1つは、洗い出しを行う人が、自社の業務全般をよく理解していなくてはいけない、ということです。実態がよくわからない業務などがもしあるようであれば、よくわかる人にも洗い出しを行ってもらう必要があります。もう1つは、「悲観的に」洗い出す必要がある、ということです。リスクというのは可能性ですので、過度に楽観的に考え、「こんなことは起きないでほしい」という希望的観測が前面に出てくると、「リスクは

図表5-2　企業を取り巻くリスクの標準項目リスト（例）

災害・事故等のリスク	自然災害	台風・高潮
		水災・洪水
		竜巻・風災
		地震・津波・噴火
		落雷
		豪雪
		天候不良・異常気象
	事故	火災・爆発
		停電
		交通事故
		航空機事故・列車事故
		船舶事故
		設備事故
		労災事故
		運搬中の事故
		盗難
		有害物質・危険物質の漏洩・バイオハザード
	IT	ネットワークシステム（通信を含む）の故障
		コンピュータウイルスの感染
		コンピュータシステムの故障
		サイバーテロ・ハッキングによるデータの改竄・窃取
		コンピュータ・データの消滅・逸失
経営に関するリスク	経営	経営層の執務不能
		グループ会社の不祥事
		乱脈経営
		新規事業・設備投資の失敗
		企業買収・合併・吸収の失敗
	知的財産権	知的財産権に関する紛争
		模倣品（コピー商品）の氾濫
	環境	環境規制強化
		環境賠償責任・環境規制違反
		環境汚染・油濁事故
		廃棄物処理・リサイクルにおける違反
経営に関するリスク	製品・生産・物流	製品開発の失敗
		瑕疵
		製造物責任（PL）
		リコール・欠陥製品
		生産拠点の操業停止
		生産技術革新による自社生産技術の陳腐化
		物流拠点の稼働停止
	コンプライアンス	セクシャルハラスメント
		役員・社員による不正・不法行為
		役員のスキャンダル
		社内不正（横領・贈賄・収賄）
		不正な利益供与
		独占禁止法違反・カルテル・談合
		インサイダー取引
		プライバシー侵害
		粉飾決算
		巨額申告漏れ
		監督官庁等に対する虚偽報告
		顧客からの賠償請求
		従業員からの賠償請求
		株主代表訴訟
		過剰接待
	労務	集団離職
		従業員の過労死・過労による自殺
		外国人不法就労
		海外従業員の雇用調整
		海外駐在員・海外出張者の事故
		国内出張者の安全対策の失敗
		差別（国籍・宗教・年齢・性）
		労働動議・ストライキ
	契約	契約紛争
	財務	デリバディブの失敗
		与信管理の失敗・取引先（顧客）の倒産
経営に関するリスク	財務	格付けの下落
		株価の急激な変動
	マーケティング	宣伝・広告の失敗
		競合・顧客のグローバル化への対応失敗
		顧客対応の失敗
	情報管理	社内機密情報の漏洩
		顧客・取引先情報の漏洩
		個人情報の漏洩
	自社への影響	取引先（顧客）の被災・事故
		納入業者・下請け業者の被災・事故・倒産
		取引金融機関の被災・事故・倒産
		設備業者の被災・事故・倒産
	広報	地域社会との関係悪化
		マスコミ対応の失敗
政治・経済・社会リスク	政治	戦争・クーデター・内乱・暴動
		法律・制度の急激な悪化
		国際社会の圧力（外圧）
		貿易制限・通商問題
	経済	景気変動・経済危機
		為替・金利・株価・地価変動
		原料・資材・原油の高騰
		市場ニーズの変化
	社会	テロ・破壊活動・襲撃・占拠
		インターネットにおける批判・中傷
		マスコミにおける批判・中傷
		ボイコット・不買運動
		暴力団・総会屋等による脅迫
		感染症の蔓延
		風評
		人口減少・少子化・労働力不足
		技術革新による業界構造の変化

図表5-3　リスクの優先順位付けにおける評価基準（例）

発生頻度		影響度	損害額	事業停止期間
5	3ヶ月に1回発生する	5	莫大な損害	3ヶ月以上
4	1年に1回発生する	4	大きな損害	1ヶ月以上3ヶ月未満
3	1年～3年に1回発生する	3	中程度の損害	3日以上1ヶ月未満
2	3年～10年に1回発生する	2	やや軽微な損害	3日未満
1	10年以上の周期で発生する	1	軽微な損害	停止しない

存在しない」という結論になりがちです。「こんなことは起きない」「大丈夫に違いない」と思うのではなく、「もしかすると、運が悪いとこういうことも起こるかも知れない」と、ある程度「悲観的に」発想することが求められます。

簡単な優先順位付けの方法

リスクの洗い出しができたら、リストアップした項目の「優先順位付け」を考えます。先の「標準項目リスト」を使うと、100近い項目がリストアップされます。これら全てに対して何らかの対策を行うととなると大変ですし、現実的ではありません。ここは大胆に、5個とか10個程度、特に重要なリスク項目をピックアップして、対策の対象を絞り込みます。

これもあまり難しく考える必要はありません。簡単な方法は例えば、「5×5マトリクス方式」です。それぞれの項目ごとに、「発生頻度」「影響度」を5段階で評価するのです。評価する際の基準は例えば、図表5-3のようなものを使います。

これで例えば次のような表を作って、個々のリスク項目の「発生頻

度」「影響度」を「1」～「5」で評価していきます。（図表5–4の［A］）

全ての項目の評価ができたら、表計算ソフトなどを使って、「発生頻度」「影響度」の順に並べなおします。「発生頻度：1」の中で「影響度」が小さいものから順番に並べます。次に「発生頻度：2」、「発生頻度：3」、…「発生頻度：5」まで順番に並べ、発生頻度と影響度の組み合わせが同じもの同士をグループに分けます。（図表5–4の［B］）。

グループ分けができたら、これらを、縦軸に「影響度」、横軸に「発生頻度」を取って、「5×5」にしたマスの中に当てはめていきます。このようにリスク項目をグラフ上に並べたものを「リスクマップ」と呼びます（図表5–5）。

このリスクマップから、特に対応の優先順位の高いリスク項目を抽出するには、例えば、図表5–6のような、リスク評価基準を5×5のリスクマップに当てはめます。図表5–6の例でみれば、「発生頻度：3～5、影響度：5」、「発生頻度：5、影響度4」の組み合わせが、「リスク重要度：V」となり、最も対応の優先順位の高いリスク項目となります。

以上はリスクの優先順位付けを簡単に進める方法です。もちろん最後の候補をみながら、「これは加えた方が良い」とか「これはいらない」とか調整を行う必要がありますが、概ねこれで、リスクの洗い出し・評価ができるのです。これで「重要リスク」候補を特定したら、これらに対する対策を検討していけば良いのです。

図表5-4　リスク項目ごとの評価結果

[A]

No.	リスク項目	発生頻度	影響度
1	台風・高潮	4	2
2	水災・洪水	4	3
3	竜巻・風災	3	2
4	地震・津波・噴火	1	5
5	落雷	2	3
6	豪雪	1	3
7	天候不良・異常気象	2	3
8	火災・爆発	1	5
9	停電	4	4
10	交通事故	2	3
11	航空機事故・列車事故	1	3
12	船舶事故	1	3
13	設備事故	2	4
14	労災事故	1	3
15	運搬中の事故	5	2
16	盗難	2	3
17	有害物質・危険物質の漏洩・バイオハザード	2	3
18	ネットワークシステム（通信を含む）の故障	2	3
19	コンピュータウィルスの感染	4	4
20	コンピュータシステムの故障	2	4
21	サイバーテロ・ハッキングによるデータの改竄・窃取	3	4
…	…	…	…

[B]

No.	リスク項目	発生頻度	影響度
6	豪雪	1	3
11	航空機事故・列車事故	1	3
12	船舶事故	1	3
14	労災事故	1	3
24	グループ会社の不祥事	1	3
31	環境賠償責任・環境規制違反	1	4
32	環境汚染・油濁事故	1	4
44	社内不正（横領・贈賄・収賄）	1	4
4	地震・津波・噴火	1	5
8	火災・爆発	1	5
43	役員のスキャンダル	1	5
49	粉飾決算	1	5
50	巨額申告漏れ	1	5
81	戦争・クーデター・内乱・暴動	1	5
89	テロ・破壊活動・襲撃・占拠	1	5
78	設備業者の被災・事故・倒産	2	2
5	落雷	2	3
7	天候不良・異常気象	2	3
10	交通事故	2	3
16	盗難	2	3

発生頻度：1，影響度：3のグループ（No. 6, 11, 12, 14, 24）

発生頻度：1，影響度：4のグループ（No. 31, 32, 44）

発生頻度：1，影響度：5のグループ（No. 4, 8, 43, 49, 50, 81, 89）

図表5-5　リスクマップの例

影響度＼発生頻度	1	2	3	4	5
5	地震・津波・噴火 火災・爆発 役員のスキャンダル 粉飾決算 巨額申告漏れ 戦争・クーデター・内乱・暴動 テロ・破壊活動・襲撃・占拠	リコール・欠陥製品	経営層の執務不能 新規事業・設備投資の失敗 企業買収・合併・吸収の失敗 生産技術革新による自社生産技術の陳腐化 マスコミにおける批判・中傷	乱脈経営 インターネットにおける批判・中傷	
4	環境賠償責任・環境規制違反 環境汚染・油濁事故 社内不正（横領・贈賄・収賄）	設備事故 コンピュータシステムの故障 コンピュータ・データの消滅・逸失 廃棄物処理・リサイクルにおける違反 独占禁止法違反・カルテル・談合 監督官庁等に対する虚偽報告 顧客からの賠償請求 株主代表訴訟 社内機密情報の漏洩 ：	サイバーテロ・ハッキングによるデータの改竄・窃取 製造物責任（PL）	停電 コンピュータウィルスの感染 知的財産権に関する紛争 模倣品（コピー商品）の氾濫 競合・顧客のグローバル化への対応失敗	技術革新による業界構造の変化
3	豪雪 航空機事故・列車事故 船舶事故 労災事故 グループ会社の不祥事	落雷 天候不良・異常気象 交通事故 盗難 有害物質・危険物質の漏洩・バイオハザード ネットワークシステム（通信を含む）の故障 生産拠点の操業停止 物流拠点の稼働停止 ：	従業員からの賠償請求 過剰接待 集団離職 従業員の過労死・過労による自殺 海外従業員の雇用調整 海外駐在員・海外出張者の事故 国内出張者の安全対策の失敗 ：	水災・洪水 環境規制強化 製品開発の失敗 セクシャルハラスメント 宣伝・広告の失敗 ：	人口減少・少子化・労働力不足
2		設備業者の被災・事故・倒産	竜巻・風災 不正な利益供与	台風・高潮 瑕疵 労働争議・ストライキ 格付けの下落 株価の急激な変動 国際社会の圧力（外圧） 為替・金利・株価・地価変動 市場ニーズの変化	運搬中の事故
1				外国人不法就労	

図表5-6　リスク評価基準（例）

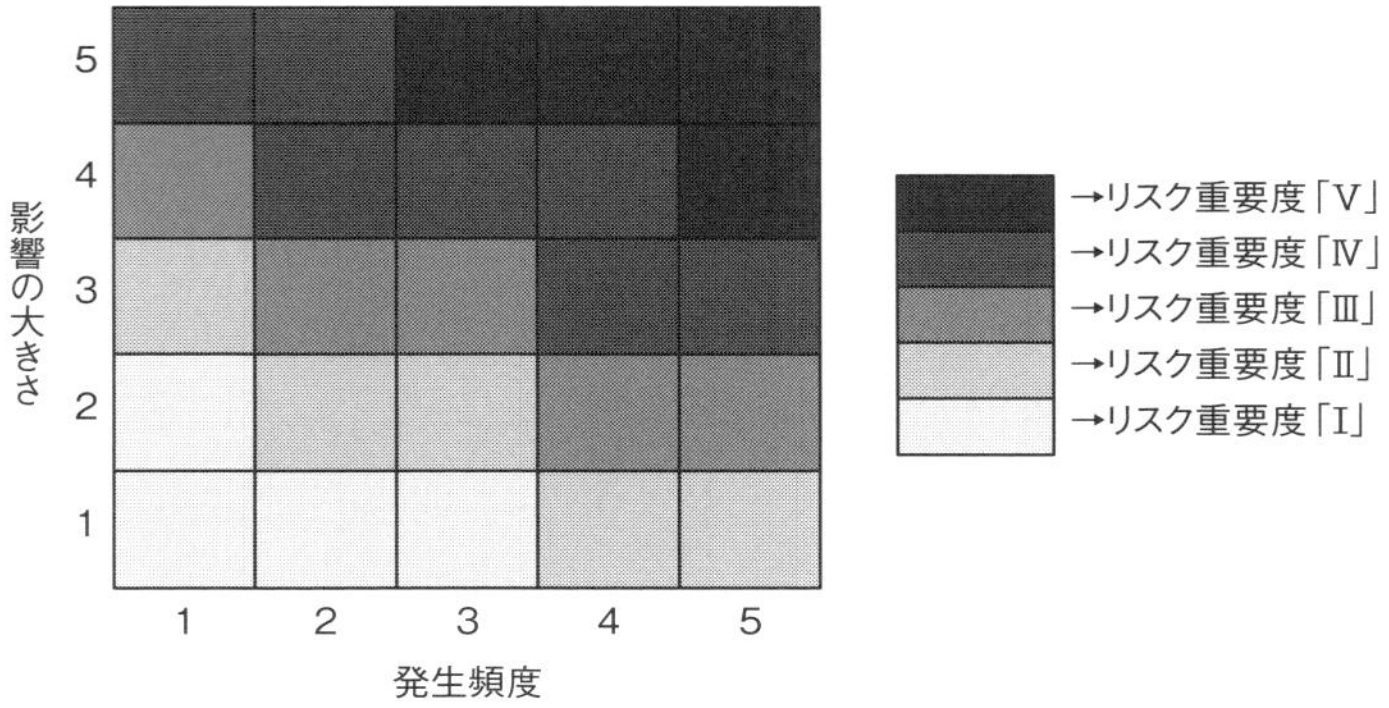

（2）現場の中国人社員と一緒に取り組む

現場の中国人社員を巻き込む重要性

中国ビジネスにおけるリスクマネジメントの2つめのポイントは、「現場の中国人社員と一緒に取り組む」です。これは実は簡単ではないのですが、リスクマネジメントを形式で終わらせず、効果的なものにするためには、不可欠の要素です。

なぜ中国人社員と一緒に取り組む必要があるのでしょうか？　在中国日系企業で、特に日本人駐在員が複数いるような規模の日系企業の場合、「まずは日本人だけで」という考え方が出てきます。しかしそこを敢えて中国人社員を巻き込んで行うのは、目的があります。

中国ビジネスは、日系企業相手であっても「中国人対中国人」のビジネスになってきているので、「日本のやり方」持ち込み方式は全く通用しなくなってきている、と書きました。つまりは日系企業であっても、現場で実際にビジネスを動かしているのは、ほとんどが中国人社員なのです。日本人は、経営者や管理者など、現場から離れた監督者のような立場で働いているケースが増えてきています。こうなると、実際に何か事件・事故やトラブルが起きた時、最初にそれを目撃するのは、ほとんどの場合、中国人社員なのです。さらに実際に起きた事件・事故を実際に処理するのも、ほとんど中国人社員にならざるを得ません。こうなると、どれだけ日本人がリスクを理解し、リスクマネジメントを実践しようとしていても、効果は薄い、という点がお分かりになると思います。

現地社員を巻き込む難しさ

しかし一方で、中国人社員にリスクマネジメントを実践させるのは非常に難しいのは事実です。東京海上日動火災保険（株）が２０１７年に行った企業向けアンケート「リスクマネジメント動向調査」では、「海外拠点のリスク対応を推進する上での課題・障害」を聞く質問に対して、５割以上の企業が「現地従業員に対するリスクマネジメントの教育・人材育成」を挙げました。

日本では、大規模地震対応、事業継続などのリスク対策に多くの企業が取り組んでおり、「リスクに備える」という発想・考え方が、ビジネスの世界で一般的に受け入れられています。一方中国では、そのような考え方はまだあまり、一般的ではありません。（これは東南アジア諸国などでも同様の傾向があります。）「リスクに備える」というと、「なぜ起きていないことに対応しなくてはいけないのか」と反応されることも、多くあります。まずはなぜ、リスク対策が必要なのか、というところ

図表5-7　海外拠点のリスク対応を推進する上での課題・障害

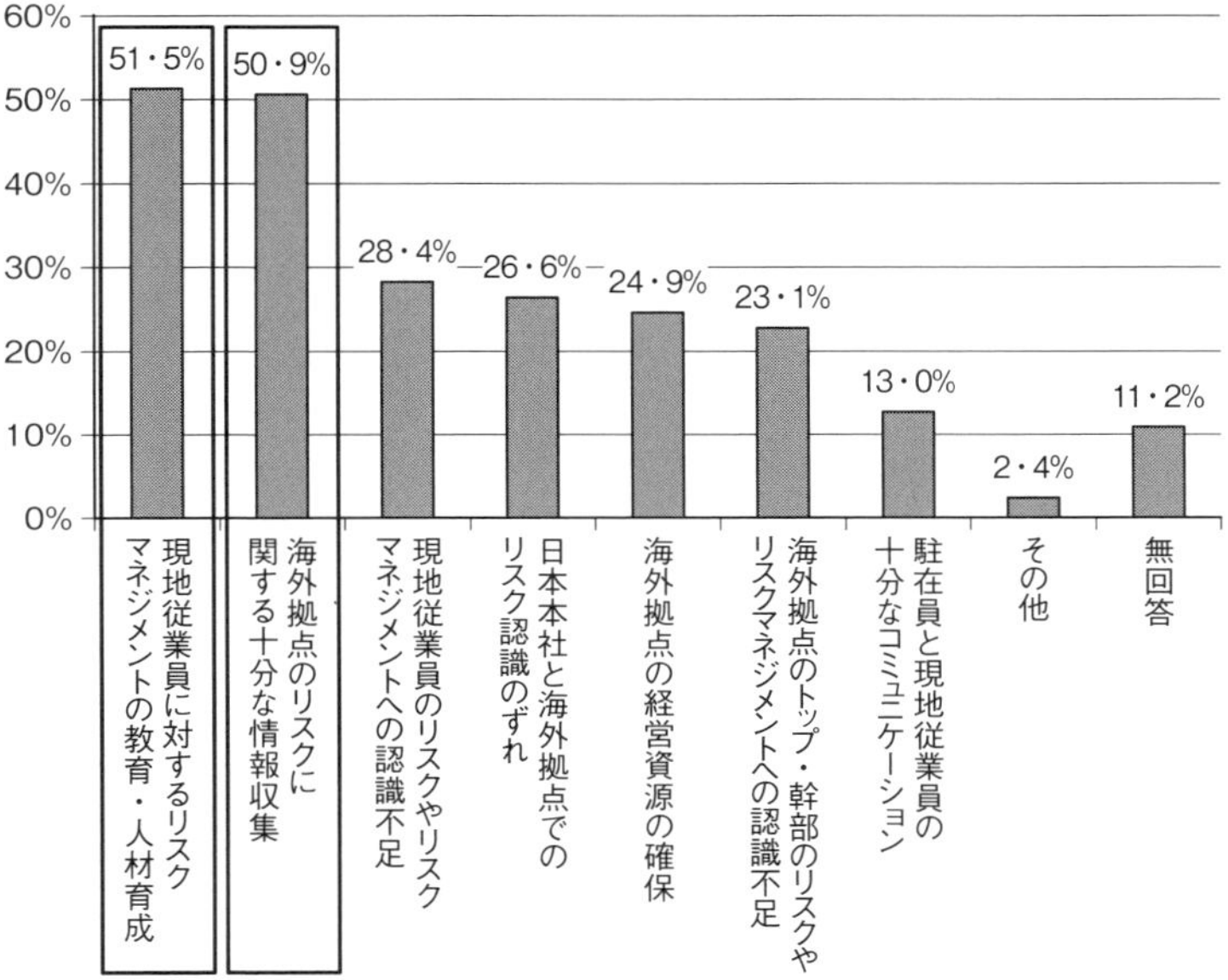

注：上場企業および従業員数2,000人以上の非上場企業/質問紙調査，2017年9月～10月，調査票送付数：2,566　回収数：257　回収率：10.0％
出典：東京海上日動火災保険（株）「リスクマネジメント動向調査 2017」より

から、丁寧な説明、指導が必要となります。

中国人社員がリスクマネジメントに取り組む意味

中国人社員を巻き込んでリスクマネジメントを進めるのは難しいですが、ただ、不可能ではありません。中国人は合理的な人が多いので、「自分のためにプラスになる」と判断すればしっかり取り組んでくれるのです。

私が中国にいたころ、多くの日系企業経営者から、「リスクに関連して一番支援してもらいたいのは、中国人社員の教育」との要望をいただきました。何よりもそれに一番頭を悩ませており、それを支援してもらえるのが一番有難いということでした。

ある日系大手企業の拠点では、要望を受け、中国人管理職（大きな会社なので、中国人管理職だけでも数十人いました）を集めて、１日掛けて「リスクマネジメント研修」を行いました。研修では、最初に私が講師となり、リスクとは、リスクマネジメントとは、企業にとってリスクマネジメントがなぜ必要か？　といったテーマの講義を行い、その後、演習をやってもらいます。演習では、はじめに、実際に自分の管理する部門のリスクを洗い出し、簡単なリスクマップを作ってもらいました。さらに緊急事態への対応をテーマに、「机上演習」を行いました。机上演習とは、元々軍隊の作戦訓練などで使われる手法で、近年では災害対応訓練でもよく使われるものです。緊急事態の「シナリオ」をその場で提示し、それを読んで、もし自身がそういう状況に置かれたら、どういう行動・判断をするか、をその場で考えてもらう、そういう演習です。この時の演習では、「火災」をテーマにしました。もし、工場などの現場で突然火災警報器が鳴って、「火事だ！」と報告がきたら、管理者のあなたはまず何をしますか？　何を指示しますか？　例えばそういう問題を出して、５人くらいずつのグループに分けてディスカッションをしてもらいます。中国人には、ディスカッションが得意な人が多いようです。このような場合、ディスカッションを始めると、だんだんお互いに熱くなってくるようで、色々な意見が活発に出ます。制限時間がきたら、各グループの結果をまとめてもらい、順番に発表してもらいます。中国人社員たちは、非常に積極的に発言し、最後まで演習を盛り上げてくれました。

演習終了後、参加者アンケートを取りました。多くの中国人社員が、「机上演習がためになった」と書いてくれていました。「これまで火災などの事故を経験したことがなく、考えたこともなかった。演習を通じて、自身として色々と予め考えておかなくてはいけないことが多いと気付いた」…そういう感想を書いてくれました。結果として、日本人経営者にも喜んでもらうことができました。

この事例からわかるとおり、目的を説明し、演習などで実際に何をすべきかを理解すると、中国人社員も動いてくれるようになるのです。そうなるには手間と時間が必要ですが、そのような努力は、十分意味のあるものであるといえます。

(3)　PDCAを実践する

PDCAの効果が見直されている

中国ビジネスにおけるリスクマネジメントの、３つめのポイントとして申し上げるのは、「ＰＤＣＡを実践する」ということです。「ＰＤＣＡ」は、第二次世界大戦後、米国の統計学者・コンサルタント、ウィリアム・エドワーズ・デミング博士らが品質改善を目的として考案した仕組みで、Plan（計画）、Do（実行）、Check（評価）、Act（改善）の四段階を繰り返すことによって、業務を継続的に改善することを目指すものです。現在では品質改善に限らず、あらゆる業務遂行に適用されており、大変古典的なフレームワークですが、近年、改めてＰＤＣＡの意義が見直されています。『鬼速ＰＤＣＡ』（冨田和成、クロスメディア・パブリッシング）という本が２０１６年に刊行され、人気を博しました。ＰＤＣＡは「ＰＤＣＡサイクル」とも言われるように、４つのステップを繰り返すことで継続的改善を図る仕組みですので、サイクルを素早く回していくことで、業務プロセスを飛躍的に改善することが期待できます。特に、新規事業や新規サービスを立ち上げる、といった、方法論が確立されていない、新たな業務を手探りで進めなくてはいけないようなケースに、非常に効果的なのです。ただし効果を上げるためには、各ステップを適切に検討、実施することが必要であり、同書の中では、ＰＤＣＡがあまりによく知られているが故に、誤った理解や誤った進め方が横行している実態が指摘されています。

中国ビジネスのリスクマネジメントにおいても、このＰＤＣＡを適切に実践することが非常に有効です。特に、ビジネスの規模が小さく、大企業ほどリスクマネジメントにお金や労力を大きく掛けられない場合は、ＰＤＣＡの実践がより大きな効果を発揮します。

状況の変化に対応する唯一の効果的な方法

中国では、法令・規則等が頻繁に、しかも短期間で変更されることがあります。また近年の、スマホ決済、配車アプリ、ＥＣ（電子取引）などの普及、シェア経済の拡大などをみていても、社会の変化がダイナミックで非常に素早く変化していきます。このような中では、私たち日本企業がビジネスを進める環境も、日本とは比べものにならないほどスピーディーに変化していきます。

こうした状況の変化に、ＰＤＣＡを実践していけば、素早く対応することができるのです。ＰＤＣＡでは、定量化したゴールと現実のギャップから「Ｐ：計画」を導き、確実に「Ｄ：実行」し、計画と実行を「Ｃ：評価」します。この評価では、本来期待されたゴールに到達したかどうかを確認し、到達できなかったのであれば、なぜなのかを徹底的に究明します。ゴールをいくつかのステップに分解したとすると、どのステップが達成できなかったのか、そのステップが達成できなかった原因は、やり方がまずかったのか、ただ単に達成のためにやるべきことをできなかったからなのか、できるようになるにはどうすべきなのかなどなどです。これらを究明することで、次のサイクルではどこをどう変えればゴールが達成できるかがわかる、ということになります。もしゴールが達成できなかった原因が、何らかの状況変化で計画そのものを変えなくてはいけない、という場合も、ＰＤＣＡで「評価」を行っていればすぐに気付くことができるのです。

最初から完璧を求めないことが重要

在中国日系企業から、「リスクマネジメントが重要なのはわかっているけど、なかなかどこから手を付けたらよいかわからない」「どう進めれば適切なのかが自信をもって判断できない」…こういった声をよく聞きます。こうした相談をいただいた場合は、「あまり最初から完璧を求めない方が良いですよ」というアドバイスをよく行います。ただそうは言われてもなかなか、不完全でも良いので前に進めてみよう、という気にはなれない人も多いようです。

こういう場合は、ＰＤＣＡをリスクマネジメント活動に組み込むことで、先に進めるようになることがあります。ＰＤＣＡは「継続的改善」を前提としているので、ＰＤＣＡサイクルを回しながらリスクマネジメントを実践する、と決めるだけで、最初に完璧なものをつくらなくてはいけない、という意識から離れることができます。

4　本章のまとめ

本章では、中国ビジネスにおける９割の失敗を防ぐ方法について説明してきました。

まずこれまでを振り返り、「最低限知っておくべきこと」を理解することで中国ビジネスにおける深刻な失敗は避けられること、一方、それでも起きる失敗・トラブルがあり、それらの影響を抑えることが重要となることを確認しました。

次に、それらの失敗・トラブルの影響を抑えていくためには「リスクマネジメント」が大変効果的であることを説明しました。

中国ビジネスにおける失敗・トラブルは、多くの場合リスクマネジメントが不十分なために起きています。在中国日系企業では、目の前のリスク対応に追われている、リスクがみえない、伝わらない、対策を徹底できない、といった要因があり、リスクマネジメントが実践しづらい現状もあります。

中国ビジネスにおけるリスクマネジメントのポイントを説明しました。1つめは、リスクの洗い出しと優先順位付けを行うこと、2つめは、中国人社員と一緒に取り組むこと、3つめは、PDCAを実践することです。

これらに基づき、中国ビジネスでリスクマネジメントを適切に実践することができれば、中国ビジネスで発生する9割の失敗は、防ぐことができます。

おわりに

本書を最後までお読みいただき、誠に有難う御座いました。

「中国ビジネスを全くわからない人がわかるようになる」をテーマに本を執筆しようと思い立ったきっかけは、いくつかありました。1つはやはり、中国のハイテク分野での躍進ですし、また、駐在員や出張者の減少など日本企業の中国ビジネスの変化もありました。しかし私自身にとって一番の動機は、私たち日本人の「内向き志向」に危機感を感じたことでした。

日本人が、特に日本のビジネスパーソンが「内向き」になったと言われて、既に久しいと思います。若い人ほど海外赴任を希望しない傾向があり、多くの人が会社から命じられてもできれば断りたいと思っています。かつては花形と言われた海外駐在員は、現在では必ずしも憧れの対象ではなくなっています。

このことに私は危機感を覚えます。なぜなら、誰もが海外に関心を持たず、海外を自分の目で見ようとしないことは、本文で書いたように、海外の実像からどんどん離れていくことになるからです。インターネットなどＩＣＴが発達、普及した現代では、国内にいても海外のあらゆる情報を瞬時に集めることができます。しかし国内にいて手に入る情報は、全てが2次情報であり、誰かのバイアスがかかっているのです。そのことを私は、中国駐在の5年間、中国を拠点に、年に1～2回日本に帰国する生活をする中で、身に染みて実感しました。多くのビジネスパーソンが海外を自分の目で見ていないことは、将来、日本企業にとって大きなリスク要因になると懸念しています。「内向き」は企業にとってリスクなのです。

一方、海外へ出ることは、個人にとって思わぬチャンスになることがあります。会社の指示で中国へ赴任し5年の駐在を経験したことは、私にとって様々なチャンスを与えてくれました。2011年、中国駐在から帰任した私は、以前いたリスクコンサルティング会社に戻りました。以降、中国はもちろんなのですが、世界中のあらゆる国々でのビジネスに関するご相談を様々なお客様から頂くようになりました。

2011年秋には、タイで大規模洪水が発生しました。私は現地で被災した顧客企業の支援のため、1週間現地へ出張し、まだ水が引かない工業団地で、工場へボートで入り、金型を引き上げる日系企業の現地社員を目の当たりにしました。またこれを契機に、顧客企業のタイ現地社員向けにリスクマネジメント研修を行い、中国での現地社員教育の経験を活かすことができました。

2013年以降は全世界の「危機管理情報」を登録企業へ配信するサービスの責任者になり、文字通り世界中のリスク情報を365日、監視する立場となりました。当時はアフリカ・アルジェリアのプラント襲撃事件や中東・シリアでの邦人殺害事件など、テロで日本人が海外で命を落とす重大事件が相次いだこともあり、テロ対策に関するご相談を多く頂くようになりました。その中で、外務省など公的機関とともにお仕事をさせていただく機会も増え、数百人を前に講演をさせていただき、テレビに出演する機会も複数回、頂きました。リスクや危機管理をテーマに、南アフリカなど、様々な国へ出張しました。

今思えば、これらの幅広い業務に携わるチャンスを得られたのは、いずれも中国での業務経験がきっかけになっていました。中国という、日本企業にとって「難しい」と言われてきた事業領域で、何が難しさの本質なのか、それをどうすれば克服できるのか、を追求してきたことが、結果として、全く異なる海外の国々でのビジネスにも十二分に応用できたのです。

中国ビジネスは難しいと言われますが、中国ビジネスに取り組むことは私たち日本人に、あらゆるグローバルビジネスに適用可能な貴重なノウハウや知見を与えてくれます。中国ビジネスは私たち日本人にとり、最良のグローバルビジネスの「先生」と言っても過言ではないのです。

海外や中国に興味をお持ちの皆様が、これから海外でのビジネスへ果敢に一歩を踏み出す際に、本書が少しでもお役に立てば、筆者として幸甚であります。

参考文献

『中国経済の真相』（田代秀敏、KADOKAWA／中経出版、2013年）
『中国 創造大国への道』（服部健治、湯浅健司、日本経済研究センター編、文眞堂、2018年）
『脱・中国論　日本人が中国とうまく付き合うための56のテーゼ』（加藤嘉一、日経BP社、2012年）
『Q&Aでわかる 中国人とのつき合いかた』（本名信行、羅華、りょう（イラスト）、大修館書店、2018年）
『中国経済とビジネスがわかる本』（王玉、大学教育出版、2018年）
『図表でわかる 中国進出企業の合弁解消プランニング―多難な中国事業の撤退・縮小をスムーズに行うために』（簗瀬正人、趙雪巍、第一法規、2017年）
『今、あなたが中国行きを命じられたら 改訂版―失敗事例から学ぶ中国ビジネス』（高田拓、ビーケイシー、2010年）
『中国進出失敗・トラブル事例集―中国投資のプロが教える実例と対策』（筧武雄、明日香出版社、2002年）
『海外派遣者ハンドブック―経験者が語るビジネス事例集―中国編』（日本在外企業協会、2018年）
『起業の科学 スタートアップサイエンス』（田所雅之、日経BP社、2017年）
『コークの味は国ごとに違うべきか』（パンカジ・ゲマワット、文藝春秋、2009年）
『中国人のやる気はこうして引き出せ―ゼロから繁盛小売チェーンを築いたマネジメント術―』（塙昭彦、ダイヤモンド社、2012年）
『本当は中国で勝っている日本企業―なぜこの会社は成功しているのか?』（谷崎光、集英社、2017年）
『スッキリ中国論―スジの日本、量の中国』（田中信彦、日経BP社、2018年）

『親会社が気づいていない中国子会社のリスクとそのマネジメント～リスク事例から学ぶ事前予防・事後対策～』（殷宏亮、郭望、顧麗萍、周加萍、徐大鵬、叢厳、李鵬、小堀光一（監修）、彭涛（監修）、第一法規、２０１７年）
『実例でわかる 中国進出企業の税務・法務リスク対策～法制度から現地の商慣習まで～』（ＰｗＣ税理士法人、簗瀬正人、金誠同達法律事務所、趙雪巍、第一法規、２０１８年）
『最新中国労働関連法対応 中国のビジネス実務 人事労務の現場ワザ Q&A100 改訂版』（韓晏元、奥北秀嗣、第一法規、２０１８年）
『異文化理解力―相手と自分の真意がわかる　ビジネスパーソン必須の教養』（エリン・メイヤー、田岡恵（監修）、樋口武志（翻訳）、英治出版、２０１５年）
『改訂版 金持ち父さん 貧乏父さん：アメリカの金持ちが教えてくれるお金の哲学』（ロバート キヨサキ、白根美保子（翻訳）、筑摩書房、２０１３年）
『７つの習慣‐成功には原則があった！』（スティーブン・Ｒ・コヴィー、ジェームス スキナー（翻訳）、川西茂（翻訳）、キングベアー出版、１９８９年）
『鬼速ＰＤＣＡ』（冨田和成、クロスメディア・パブリッシング、２０１６年）

【著者略歴】

深津《ふかつ》　嘉成《よしなり》

東京海上日動リスクコンサルティング株式会社・ビジネスリスク本部・主席研究員。リスクマネジメント・危機管理等の企業向けコンサルタントとして、17年間に、500社以上にコンサルティングを提供、企業向け講演は150回以上。2006年、保険会社の駐在員として、中国に赴任。上海を拠点に、中国全国の日系を中心とする様々な企業のリスク評価・コンサルティングを担当、5年間に250件以上の中国工場・拠点のリスク調査、コンサルティングを実施した他、リスクニュースを毎月4000社に配信、日系大手企業の人事責任者と「労務研究会」を実施、その議論内容を「中国におけるDNA養成-日系企業労務管理マニュアル」という冊子にまとめた経験がある。

中国ビジネスの進め方、中国におけるリスクマネジメントの推進に関する執筆、講演等を多数実施、現在でもリスクマネジメント推進をテーマにコンサルティング・情報提供等を行っている。

中国ビジネスが全く分からない人がわかるようになる本

二〇一九年九月三〇日　第一版第一刷発行

検印省略

編　者　東京海上日動リスクコンサルティング（株）
著　者　深　津　嘉　成
発行者　前　野　隆
〒162-0041　東京都新宿区早稲田鶴巻町五三三
発行所　株式会社　文　眞　堂

http://www.bunshin-do.co.jp/

電　話　〇三―三二〇二―八四八〇番
ＦＡＸ　〇三―三二〇三―二六三八番

振　替　〇〇一二〇―二―九六四三七番

組版・製作　真興社

ISBN978-4-8309-5055-1 C0034